本书受济南大学博士基金项目“基于股权稳定的公司治理问题研究（B1804）”资助

基于股权结构稳定的国有资本收益研究

蒋勇 著

吉林大学出版社
长春

图书在版编目（CIP）数据

基于股权结构稳定的国有资本收益研究 / 蒋勇著.
—长春：吉林大学出版社，2018.12
ISBN 978-7-5692-4029-0

Ⅰ.①基… Ⅱ.①蒋… Ⅲ.①股权结构—影响—国有资产管理—研究—中国 Ⅳ.① F123.7

中国版本图书馆 CIP 数据核字（2019）第 008294 号

书　　名：基于股权结构稳定的国有资本收益研究
JIYU GUQUAN JIEGOU WENDING DE GUOYOU ZIBEN SHOUYI YANJIU
作　　者：蒋　勇　著
策划编辑：卢　婵
责任编辑：卢　婵
责任校对：陶　冉
装帧设计：汤　丽
出版发行：吉林大学出版社
社　　址：长春市人民大街 4059 号
邮政编码：130021
发行电话：0431-89580028/29/21
网　　址：http：//www.jlup.com.cn
电子邮箱：jdcbs@jlu.edu.cn
印　　刷：北京虎彩文化传播有限公司
开　　本：787mm×1092mm　1/16
印　　张：12.75
字　　数：190 千字
版　　次：2018 年 12 月　第 1 版
印　　次：2019 年 4 月　第 1 次
书　　号：ISBN 978-7-5692-4029-0
定　　价：50.00 元

前 言

国有企业属全民所有，国有资本收益属于人民。国有企业股权结构突出问题是国有股权过度稳定，国有股东在支配所有权方面不缺位，甚至越位，但在收益所有权方面缺位。目前我国国有企业混合所有制改革处于攻坚阶段，通过混合所有制，优化股权结构，提高资本配置效率，优化股利分配政策，完善国有资本收益管理，对实现国有资本保值增值以及国有经济竞争力提升目标具有重要意义。本书主要研究了国有企业股权结构及受其影响的国有资本收益，目的是构建股权结构稳定性测度指标，研究股权结构稳定性对国有资本收益的影响，探讨资本配置优化条件下的资本结构、股权结构和股利政策，为做强做优做大国有企业从产权会计视角提供相应政策建议。

第 1 章论述了研究目的、背景、概念、问题、意义、内容、思路和创新与不足。第 2、3 章研究了国内外相关文献及基础理论。第 4 章回顾了我国国有企业股权结构和国有资本收益分配历史沿革。在文献综述、理论梳理和历史回顾基础上，第 5 至第 8 章进行了股权结构及其稳定性与国有资本收益相关关系实证研究。第 5 章研究了股权集中度在一些因素影响下与股利分配的相关关系。第 6 章研究了终极控制人所有权在一些因素影响下与股利分配的相关关系。第 7 章构建了股权稳定性指标和股权结构稳定性指标，研究了股权结构稳定性对股利分配的影响。第 8 章研究了资源配置优化条件下的资本结构、股权结构和现金股利支付率的优化区间。在规范和实证研究结论基础上，第 9 章系统地提出了我国国有企业优化资本结构、完善公司治理和收益分配的政策建议。

研究股权稳定性的文献不多，而研究股权结构稳定性的文献更少，股权稳定性和股权结构稳定性定量测度方面尚无人系统研究。本书创新点如下。

（1）构建了股权稳定性和股权结构稳定性指标

构建了股权及股权结构稳定性指标，实证研究了股权结构稳定性指标与股利政策的关系。

（2）研究了我国上市公司资本结构、股权结构、金字塔股权结构、现金股利支付相关指标优化区间。

①资本结构优化区间

A 股上市公司存在最优资本结构，最优资本结构点存在于 55.56% 与 73.65% 之间，A 股主板上市公司具有同样特征。

②国有股权比例优化区间

国有参股不控股的混合所有制企业国有股权比例优化区间为（5.01%，15.46%］，国有股权比例尽量接近 15.46%；国有相对控股的混合所有制企业国有股权比例优化区间为（32.16%，43.86%］，国有股权比例尽量接近 32.16%；国有绝对控股的混合所有制企业国有股权比例优化区间为（74.56%，100%）。

③现金流权、表决权和两权分离度优化区间

两权分离度与公司价值之间存在倒 U 型关系，使公司价值最大化的终极控制股东所有权与控制权分离度为6.07%；现金流权与公司价值间存在倒U型关系，使公司价值最大化的终极控制股东现金流权为22.08%；终极控制股东最优表决权比例为28.92%；受表决权影响的现金流权与公司价值存在倒U型关系，当表决权为28.88%时，现金流权使公司价值最大化；当现金流权大于19.44%且小于等于22.08%时，受现金流权影响的表决权对公司价值负面影响最小。

④现金股利支付率优化区间

创业板上市公司最优现金股利支付率小于等于13.86%；中小板上市公司现金股利支付率与公司价值存在倒U型关系，最优现金股利支付率为23.9%；沪市主板A股上市公司现金股利支付率与公司价值也存在倒U型关系，最优现金股利支付率为51.07%。

（3）定性定量地提出了我国国有企业优化资本结构、完善公司治理和收益分配的政策建议

在我国国有企业改革和发展政策建议中引用了上述实证结论，使政策建议具有更强的可操作性。

目　录

第 1 章　导论

1.1　目的和背景

1.1.1　目的

国有企业属全民所有，国有资本收益属于人民。由于股权多元化，国有资本分布于国有独资、国有控股和国有参股企业中。国有企业一般指国有独资和国有控股企业。本书主要研究国有企业股权结构及受其影响的国有资本收益，目的是构建股权结构稳定性测度指标，研究股权结构稳定性对国有资本收益的影响，探讨资本配置优化条件下股权结构和股利政策，为做强做优做大国有企业从产权会计视角提供相应政策建议。

1.1.2　背景

（1）国有企业混合所有制改革形势

2013 年 11 月 12 日，十八届三中全会通过了《关于全面深化改革若干重大问题的决定》（以下简称《决定》）。《决定》指出：混合所有制是我国基本经济制度的重要实现形式，坚持公有经济主体地位，坚持大力发展非公有经济，通过混合所有制实现国有资本与非国有资本有机融合，优势互补，允许国有企业投资民营企业，鼓励民营企业投资参与国有企业合并重组，鼓励组建民营控股的混合所有制企业；到2020年，国有资本收益上缴比例将提高到30%，更多用于民生保障。2014年7月15日，国务院国资委选择部分中央企业进行国有资本投资公司试点（中粮集团、国家开发投资公司）、混合所有制企业试点（中国建材、中国医药集团）和董事会市场化运作试点（新兴际华集团、中国节能环保公司等）。随后，很多省级地方政府纷纷推出各自国有企业混合所有制改革方案，也有部分地方政府在等待中央出台国有企业改革指导意见，处于观望状态，未推出国企混改方案。

2015年9月13日，中共中央、国务院发布了于2015年8月24日通过的《关于深化国有企业改革的指导意见》（以下简称《指导意见》）。《指导意见》规定了本轮国企改革目标、原则、步骤和内容。国企改革目标：到2020年，国有企业公司制改革基本完成，国资监管体制理顺，国有资本配置效率显著提高，党组织在国企中地位进一步巩固。原则是有利于国有经济竞争力提升，有利于国有资本功能放大，有利于国有资本保值增值，国企改革顶层设计和基层企业首创精神紧密结合。步骤是不搞一刀切，不搞全覆盖，成熟一个推进一个。内容包括：将国有企业按功能分为商业类和公益类，商业类考核经营业绩，公益类考核成本、运营效率和服务质量；国资监管体制以资本为纽带监管国有企业，对现有国企清退一批、重组整合一批和创新发展一批，优化国有资本布局，实行政企分开、政资分开，减少股权链条和管理层级，由政府相关部门授权国有资本投资公司和运营公司对其投资的下级公司履行出资者职能，在市场化条件下，按现代企业制度要求进行公司治理和运营；提高国有资本证券化比例，推进国有企业进入资本市场，优化股权结构，部分国有资本可转化成优先股，还可转化为特殊政府管理股；完善公司治理，董事会按市场化原则运作，建立经理层有效激励约束机制，实现人员能上能下，能进能出，收入能涨能跌的市场化用人机制；高管薪酬实行分类管理，中管或政府选派的管理人员按政府相关薪酬规定执行，市场化选聘的管理人员薪酬按市场机制执行；在完全竞争领域的商业类国企，主要是人力资本要素起关键作用的转制科研院所、高新技术企业、科技服务型企业，以管理人员、技术核心和业务骨干为对象，以增量出资扩股方式实行员工持股；国有企业党组织实行双向进入和交叉任职，党组成员符合条件，按相关规定可进入管理层，管理层成员符合条件，按相关规定可进入党委，董事长和总经理职务原则上要分开，党委书记任国有企业董事长。

2015 年 9 月 23 日，国务院发布了《国务院关于国有企业发展混合所有制经济的意见》（以下简称《意见》）。《意见》指出：引导国有企业集团公司二级及以下企业层面有序推进混合所有制改革，以研发创新、生产服务等实体企业为重点，引入非国有资本；在高新技术等领域，鼓励国有资本以多种方式入股非国有企业。

2015 年 10 月 25 日，国务院发布了《国务院关于改革和完善国有资产管理体制的若干意见》（以下简称《若干意见》）。《若干意见》指出：国务院开展直接授权国有资本投资公司、运营公司试点工作，地方政府则根据实际情况，开展授权国有资本投资公司和运营公司试点工作；政府授权国资监管机构对国有资本投资公司、运营公司履行出资职责，国资监管机构授权国有资本投资公司、运营公司对其出资公司履行出资职责。

2015 年 12 月 29 日，国资委、财政部和发改委联合发布了《关于国有企业功能界定与分类的指导意见》（以下简称《功能指导意见》）。《功能指导意见》指出：国有企业功能分为公益类和商业类，在功能分类基础上，国有企业分类改革、分类发展、分类监管和分类考核，通过清理、合并重组和新设方式对国有资本重新布局，将国有资本进一步集中到公共服务保障领域；公益类国有企业主要目标是通过提供公共产品和服务来保障民生和服务社会，商业类国有企业主要目标是实现国有资本保值增值、放大国有资本功能和增强国有经济活力和竞争力；商业类分为商业一类和商业二类，商业一类是完全竞争领域，商业二类是涉及国家安全、国民经济命脉、国计民生的重要行业或领域，商业一类国有企业根据情况国有资本可绝对控股、相对控股或参股，商业二类国有企业国有资本要保持控股地位，支持非国有资本参股；公益类国有企业考核运营成本、运营效率、产品质量和服务保障水平，商业一类国有企业考核经营业绩、国有资本保值增值和市场竞争力，商业二类国有企业既要考核经营业绩又要考量特定功能指标；履行出资人职责机构负责所出资企业功能界定与分类。

（2）股利分配相关政策

2008年中国证监会颁布《关于修改上市公司现金分红若干规定的决定》（以下简称《分红决定》）。《分红决定》规定上市公司证券发行再融资的必要条件为：近三年现金股利分配的利润不少于近三年年均实现可分配利润的30%。2012年中国证监会发布《关于进一步落实上市公司现金分红有关事项的通知》（以下简称《通知》）。《通知》规定：拟发行证券上市公司在募集说明书或发行预案中应披露近三年现金分红金额及比例，以“重大事项提示”方式，提醒投资者关注上述信息。

（3）国有资本收益上缴相关政策

2007年财政部和国资委印发的《中央企业国有资本收益收取管理暂行办法》规定，能源、电信等资源类企业收取比例为10%，钢铁、施工等一般竞争类企业收取比例为5%，军工转制科研类企业暂缓3年收取。2011年，资源类收取比例提高到15%，一般竞争类收取比例提至10%，军工转制类收取5%，第四类利润免收。2012年，中国烟草总公司单独列为一类，收取比例从15%提至20%。2014年，央企利润收取比例再次提高5%，具体为：第一类收取比例为25%，第二类20%，第三类15%，第四类10%，第五类利润免收。到2020年，按十八届三中全会《决定》要求，国有资本收益上缴公共财政比例将提高至30%，更多用于民生保障。

我国国有企业混合所有制改革目前处于攻坚阶段，通过混合所有制，优化股权结构，提高资本配置效率，优化股利分配政策，完善国有资本收益管理，保持国有资本收益持续稳定增长，对实现国有资本保值增值、功能放大以及国有经济竞争力提升目标具有重要意义。

1.2 概念定义和范围界定

1.2.1 概念定义

（1）股权结构定义

股权指股东向股份制企业投入资本，根据受法律保护的所有权关系，享有对投入资本的占有、控制和收益等经济权利。股权结构指股份制企业投入资本的来源、集中度或层级构成。根据资本来源不同，股权结构可分为国有股、法人股、个人股、外资股和内资股；根据集中度不同，股权结构可分为集中股权结构、分散股权结构和制衡股权结构；根据层级不同，股权结构可分为直接股东股权结构和间接股东股权结构，有两层级以上股东的股权结构形成金字塔股权结构。

（2）稳定定义

从哲学角度看，稳定是一种暂时的相对静止状态，是特殊的运动，而不稳定是永恒的，稳定只是不稳定的一种特殊形式。从博弈论角度看，稳定是一种博弈均衡状态，可能是势均力敌的均衡，也可能是部分参与者占优的均衡。

（3）股权结构稳定定义

根据股权结构和稳定的定义，股权结构稳定的定义涉及国有股、法人股、个人股等各类股权的稳定，涉及集中股权结构、分散股权结构、制衡股权结构的稳定，也涉及直接股东股权结构和金字塔股权结构的稳定。股权结构稳定性可表现在股份制企业股权流动状况方面，股权流动状况可以股权换手率为基础分析表示，上市公司则可以股票换手率为基础分析表示。以上市公司为研究对象，股权稳定性可以股票实际换手率向股票期望换手率的逼近程度表示，逼近程度越高越稳定，越低越不稳定。股权结构稳定性是股权结构的一种特性，这种特性可表现为在一定压力条件下，股权流动性不仅没有因压力产生的恐慌而增加，反而下降。以股权集中度和股权制衡度为要素构建股权结构稳定性指标，设定一种压力条件，结合股票换手率，如果在该压力条件下，股票换手率不仅没有上升，反而下降，则表明股权结构具有稳定性。无论直接股东还是间接股东，股权结构稳定的实质是股份制企业股东间实现了博弈均衡，这种均衡可能是占优均衡，也可能是纳什均衡，无论哪种均衡，其均衡条件应为股东价值最大化，在上市公司则意味着公司价值最大化。稳定的股权结构应是能使公司价值最大化的股权结构，稳定的股权结构应追求构成直接股东股权结构的各类股权配置优化以及金字塔股权结构的终极所有权、控制权和两权分离度的优化。

（4）国有资本收益定义

国有资本是国家投入到国有独资公司及国有控参股公司的资本。国有资本收益是国有独资和控参股公司的国有股权在投资运营过程中分配的收益。国有资本收益分配分两个层次，一个层次是投资和被投资企业间国有股权收益分配，另一个层次是纳入国家国有资本收益经营预算范围的国有企业与国家间的国有资本收益分配。本书研究对象是国有企业，研究样本是中国沪深两市 A 股上市公司，聚焦于国有控股上市公司，本书国有资本收益主要研究了国有控股上市公司股利分配，特别是现金股利分配，此外还讨论了与国有资本收益经营预算直接挂钩的国有资本收益上缴比例问题。所以，在后续的股权结构、金字塔股权结构、股权结构稳定性与国有资本收益关系实证研究章节中，采用了国有控股上市公司的现金股利作为国有资本收益的替代变量，表现为股权集中度、现金流权、股权结构稳定性在其他一些因素影响下与现金股利的关系实证研究。

1.2.2 范围界定

股权结构是股权资本结构，但股权资本结构并不是孤立存在的，直接受股份制企业整体资本结构的影响，研究各类股权配置优化的同时，有必要研究债务融资结构（广义资本结构，以下称资本结构）优化配置问题。股东间实现博弈均衡的一个重要条件是股东股权收益的合理保障，这涉及股利分配优化问题。股权结构优化、资本结构优化和股利分配优化势必要求对公司内部权力起合理配置作用的公司治理优化，而公司内部治理优化势必要求与之紧密相关的公司外部治理优化。

由于研究对象是国有企业，所以研究范围界定在国有企业改革和发展背景之下的，针对国有企业股权结构、收益分配以及与之紧密相关的内外部治理突出问题，探索了解决这些问题的定性定量对策。实证分析方面研究了股权结构、金字塔股权结构、股权结构稳定性与国有资本收益的相关关系，研究了使公司价值最大化的资本结构、股权结构、金字塔股权结构和股利分配的相关指标优化区间问题，指标优化区间问题研究了资产负债率、国有股权比例、终极所有权、现金流权、两权分离度和现金股利支付率的优化区间。

1.3 问题和意义

1.3.1 问题

从1978年至今，我国国有企业改革历经扩权让利、承包经营责任制、建立现代企业制度、建立和完善国有资产监管体制以及全面深化改革阶段。通过改革，国有企业状况得以改善，经营活力日益增强，经济效益不断提升，但仍存在一些需要解决的问题。

（1）资本规模庞大，资本回报率较低

2015年12月底，全国国有及国有控股企业资产总额119.21万亿元，净资产40.14万亿元，负债率为66.33%，1—12月，实现利润2.3万亿元，资本回报率为5.73%。同期规模以上工业企业中国有控股企业实现利润1.09万亿元，同比下降21.9%；股份制企业实现利润4.3万亿元，下降1.7%；私营企业实现利润2.32万亿元，增长3.7%。

（2）资本分布广泛，大而全，小而全

国有资本宏观结构特征为，大而全、小而全，重点不突出，配置错位。

国有资本散布于公共服务、国家安全、国民经济命脉、战略性和竞争领域，无处不在。追求利润最大化的竞争性领域投资过度，追求社会效益的公共服务领域和兼顾社会经济效益的战略性领域投资不足。中央各部门所属企业有 8288 户，大部分是中小企业，总资产 1 万亿元，净资产 0.45 万亿元。地方国有企业 9.9 万户，省、地市和县级企业户数分别为 4 万、2.2 万和 3.7 万户。地方国有企业多为中小企业，除了公共服务领域外，主要分布于建筑施工、旅游、饭店、宾馆、修理修配等完全竞争行业。

（3）国资监管机构出资和管理职能合一，影响企业独立经营自主权

国资监管机构是国有企业实际控制人。目前经营性国有资产授权经营模式主要包括两级制和三级制。两级制模式特点是国资监管机构履行股东职能，以一定方式直接参与国有企业管理，二者间不存在中间机构。三级制模式下，履行股东职能的机构和国有企业间设立国有资产经营公司，履行股东职能的机构委托国有资产经营公司对子公司履行股东权利。

两级制模式中，国资监管机构以某种方式直接参与国有企业管理，后果是政企不分，政府行政干预企业经营权，企业无法成为独立自主的市场经营主体。三级制模式，即由国资监管机构、国有资产经营公司和子公司组成的三层组织架构体系，也存在一些问题。第一，国资监管机构股东身份欠妥。国资监管机构既是股东，又是监管者，职能不清，有必要将两种职能分离。第二，国有资产管理层次更多，委托代理关系更复杂。中间层次应适当减少，充分发挥国有控股公司的作用。第三，国有资产管理政企不分问题无法根本解决。目前国有资产管理体制下，政府既是社会经济管理者，又是国有资产出资人代表，具有社会管理和国有资产管理两重职能，定位不清，导致国有资产经营公司不能成为独立自主的市场经营主体，难以有效行使企业重大经营决策权。

（4）资本结构不合理，负债水平较高

我国企业资产负债率状况如表 1.1 所示。

表 1.1 2006—2013 年规模以上企业、国有与国有控股企业和私营企业资产负债率比较

	2006	2007	2008	2009	2010	2011	2012	2013
规模以上	57.46%	57.48%	57.71%	57.88%	57.41%	58.10%	57.96%	57.81%
国有及国有控股企业	56.24%	56.50%	58.99%	60.30%	60.31%	61.17%	61.31%	61.91%
私营企业	59.11%	58.38%	56.44%	55.38%	54.82%	54.60%	54.21%	53.43%

来源：根据中华人民共和国国家统计局网站数据整理。

表 1.1 显示：规模以上企业 2006—2013 年期间资产负债率基本保持在 57% ～ 58% 之间，未出现大的波动；国有及国有控股企业同期从 56.24% 连年上升至 61.91%；私营企业同期从 59.11% 连年下降至 53.43%。在 2006—2013 年期间，规模以上、国有及国有控股、私营三类企业的资产负债率出现了 3 种走势：基本保持不变、上行和下行。2013 年国有及国有控股企业负债率为 61.91%，而规模以上企业和私营企业分别为 57.81%、53.43%，可见国有及国有控股企业负债水平相对较高且呈上升态势。

（5）股权结构集中度高，经营效率低

国有企业国有股权集中、机制不活、效率不高。中央大型集团企业几乎都是国有全资企业，集团母公司对其所属公司持股比例高，内部制衡治理结构和市场化运营机制难以有效形成，导致经营效率低下。

（6）治理结构不完善，名不副实

目前全国大部分国有企业完成了公司制股份制改革，形式上建立了由股东会、董事会、经理层和监事会为要素的内部治理结构，实际上却存在名不副实现象。

① 企业行政级别化，管理人员官员化

按照政府行政级别序列，国有企业划分为中央企业、省属企业、市属企业和县属企业四级，中央企业存在正部级、副部级、正厅级和副厅级四个序列，省属企业存在副厅级、正处级和副处级三个序列，市属企业和县属企业级别序列则依次类推。由于出资人不同，中央企业的行政级别稍有差异。重要竞争性领域和垄断领域的中央企业多是副部级，半数以上的中央企业是正厅级。国有企业集团母公司的正职负责人，包括党委书记、董事长和总经理，根据干部任命权限，通常由上级党委任命，组织部门负责考核。对于副职高级管理人员，通常由国资委任命和考核。财政部对中央文化类国有企业履行出资人职责，各省属文化类企业由文化国有资产监督管理委员会履行出资人职责，文化类国有企业高管的行政级别与国资委直属企业大体一样。

② 国有股权出资人代表缺位和越位

一方面国有股权出资人代表缺位，内部人控制，制衡失灵，暗箱操作下的利益输送导致国有资产流失。另一方面政企不分、权责不明，造成国有大股东越权。国有大股东既可利用股东权利来影响企业决策，又可利用行政权力对企业经营活动进行干预，董事会构成多以控股股东代表和内部董事为主，导致大股东越位干预企业经营，侵占小股东利益。越位问题主要源于国有企业行政级别化。

③ 机构投资者公司治理功能发挥不充分

机构投资者是专业化、社会化地进行金融投资行为的团体或机构，如银行、保险公司、证券公司、信托公司、社保基金等。机构投资者具有专业、信息和监督等方面优势，有能力影响和参与上市公司治理。但机构投资者在我国上市公司中持股比例不高，力量较弱，未充分利用其优势积极参与公司治理，发挥其监督制约作用。

④ 董事会独立性不强

非独立董事根据我国《公司法》规定由股东大会选举产生。若公司股权集中度很高，公司大股东特别是控股股东则会利用股权优势主导董事选举，实际控制董事会。一般多由大股东向提名委员会推荐董事候选人，大股东控制的董事会表决通过后再提交股东大会表决。另外，独立董事人数现行法律规定得过低，其法律地位和责权也规定得比较含糊，导致独立董事没有实现真正独立，董事会独立性大大削弱。

⑤ 监事会监督作用薄弱

作为公司内部专职监督机构，监事会负责对董事会履行股东大会决议情况和日常公司经营行为进行监督，维护包括股东在内的利益相关者的利益。大多数上市公司监事会独立性实际上并不强，主要体现为：监事会主席源自大股东；股东监事在监事会中占多数；监事会自身缺乏外部监督制约，成员主要由包括股东监事和职工监事的内部监事构成，缺少外部监事；总体上监事会成员专业素质不高，特别缺乏法律专业人员。因此，监事会监督职能未能有效发挥。

⑥ 管理层激励约束机制不完善

股权激励在一定程度上演变成管理层寻租工具，未能起到管理层有效激励作用。主要问题是管理层为了激励契约条款进行盈余操纵。特别在国有企业，股权激励契约大多流于形式。中国上市公司管理层激励主要问题体现在：人均货币薪酬低，行业差异大；股权激励的管理人员占比较小；薪酬结构不尽合理，形式单一；持股数量总体偏少，行业差异大；人均持股比例低、数量少，普遍存在零持股现象。

（7）股利分红水平较低

2007—2014 年沪深两市 A 股上市公司现金股利支付情况明细如表 1.2 所示。

表 1.2 沪深两市 A 股上市公司现金股利支付情况明细表

年份	2007	2008	2009	2010	2011	2012	2013	2014	年平均
公司个数（发放和不发放现金红利）	1267	1421	1477	1613	1955	2201	2305	2284	
现金股利支付率均值	17.35%	19.01%	18.97%	18.73%	27.6%	26.66%	25.94%	21.66%	21.99%
公司个数（发放现金红利）	649	735	793	952	1298	1579	1725	1411	
发放现金股利公司现金股利支付率均值	33.87%	36.75%	35.33%	31.74%	34.29%	37.16%	34.67%	35.06%	34.86%
公司个数（不发放现金红利）	618	686	684	661	657	622	580	873	
发放现金股利公司数占公司总数比例	51.22%	51.72%	53.69%	59.02%	66.39%	71.74%	74.84%	61.78%	61.3%

来源：根据国泰安数据库（CSMAR）相关数据整理。

表 1.2 显示：沪深两市 A 股上市公司 2007—2014 年年均现金股利支付率为 21.99%，2014 年为 21.66%；发放现金股利公司年均现金股利支付率为 34.86%，2014 年为 35.06%；发放现金股利公司数占公司总数比重年均为 61.3%，2014 年为 61.78%，仍有近 40% 上市公司未发放现金股利。

2007—2014 年沪深两市 A 股国有控股上市公司现金股利支付情况明细如表 1.3 所示 。

表 1.3　沪深两市 A 股国有控股上市公司现金股利支付情况明细表

年份	2007	2008	2009	2010	2011	2012	2013	2014	年平均
公司个数（发放和不发放现金红利）	635	630	357	316	275	284	276	279	
现金股利支付率均值	20.44%	19.46%	19.58%	17.82%	17.65%	22.34%	23.05%	14.95%	19.41%
公司个数（发放现金红利）	363	337	202	188	166	197	193	143	
发放现金股利公司现金股利支付率均值	35.76%	36.37%	34.60%	29.95%	29.24%	32.21%	32.96%	29.18%	32.53%
公司个数（不发放现金红利）	272	293	155	128	109	87	83	136	
发放现金股利公司数占公司总数比例	57.17%	53.49%	56.58%	59.49%	60.36%	69.37%	69.93%	51.26%	59.71%

来源：根据国泰安数据库（CSMAR）上市公司相关数据整理。

表 1.3 显示：沪深两市 A 股国有控股上市公司 2007—2014 年年均现金股利支付率为 19.41%，比 A 股上市公司年均水平低 2.58%，2014 年为 14.95%，比 A 股整体水平低 6.71%；发放现金股利国有控股上市公司年均现金股利支付率为 32.53%，比 A 股支付现金股利上市公司年均水平低 2.33%，2014 年为 29.18%，比 A 股支付现金股利上市公司整体水平低 5.88%；发放现金股利公司数占总数比重年均为 59.71%，2014 年为 51.26%，仍有近一半国有控股上市公司未发放现金股利，比 2014 年 A 股整体近 40% 上市公司未发放现金股利的状况还要严峻。国有控股上市公司股利支付水平比整体 A 股上市公司平均水平低。由此可见，中国 A 股上市公司股利分红铁公鸡现象仍然存在，而国有控股上市公司则更严重一些。

（8）国有资本收益平均收取水平低

自从2007年国有资本收益恢复上缴以来，国有资本收益收取比例实行按不同中央企业类别依固定比例收取的办法，从2007年按资源类10%、一般竞争类5%和军工转制类暂缓3年收取，经过2011、2012和2014年3次比例上调和类别调整，到2014年已变成五类按不同固定比例收取的格局，第一类收取比例为25%，第二类为20%，第三类为15%，第四类为10%，第五类免收收益。但从整体国有资本收益平均收取水平看，却远低于中国A股上市公司平均现金股利分红水平的22%，更远低于中国发放现金股利上市公司35%的平均分红水平。2014年，中国国有企业利润总额2.48万亿元，中央企业1.73万亿元，中央国有资本经营预算收入0.14万亿元，整体国有资本收益平均收取比例以国企利润总额为基数则为5.65%，以央企利润总额为基数则为8.09%，明显低于同期上市公司平均分红水平。

1.3.2 意义

由于股权结构稳定性定量研究尚无人系统研究，本研究理论意义在于：构造了股权结构稳定性测度指标；研究了股权结构稳定性与国有资本收益之间的关系；研究了资源配置优化的资本结构、股权结构、现金股利支付率的参考区间。现实意义在于：为我国国有企业优化资本结构、股权结构、完善公司治理、优化股利分配和国有资本收益管理政策提供了可供参考的政策建议。

1.4 内容和思路

股权结构分为直接股东股权结构和终极控制股东金字塔股权结构。直接股东股权结构以股权集中度和股权制衡度代表。金字塔股权结构以终极控制人所有权和控制权代表。沪深两市A股样本组为全体样本组，全体样本组分为国有控股组和民营控股组。国有控股组上市公司股利分配和国有资本收益直接挂钩，以国有控股组上市公司股利分配代表国有资本收益。首先，论述了研究目的、背景、概念定义、范围界定、问题、意义、内容、思路、创新与不足。然后，研究了国内外相关文献及基础理论。之后，回顾了我国国有企业股权结构和国有资本收益分配历史沿革。其后，研究了股权集中度在一些因素影响下与股利分配的相关关系。其后，研究了终极控制人所有权在一些因素影响下与股利分配的相关关系。然后，构建了股权稳定性指标和股权结构稳定性指标，研究了股权结构稳定性对股利分配的影响。然后，研究了资源配置优化条件下的资本结构、股权结构和现金股利支付率的优化区间。最后在规范和实证研究结论基础上，系统提出了我国国有企业优化资本和股权结构、完善公司治理和收益分配的政策建议。

1.4.1 内容

本书包括九章：第 1 章导论，论述研究目的、背景、概念定义、范围界定、问题、意义、内容、思路、创新与不足；第 2 章文献综述，包括资本结构、股权结构、金字塔股权结构、股利政策、股权结构与股利政策、金字塔股权结构与股利政策的国内外相关研究和评述；第 3 章理论基础，包括产权、股权结构、委托代理、股利分配和国有资本收益相关理论；第 4 章我国国有企业股权结构和国有资本收益分配历史沿革，回顾了我国国有企业股权结构和国有资本收益分配的历史变迁；第 5 章股权结构与国有资本收益关系实证研究，研究全体样本组和国有控股组股权集中度对股利分配的影响，以及在股权制衡度、盈余操纵、会计稳健性和非效率投资条件下对股利分配的影响；第 6 章金字塔股权结构与国有资本收益关系实证研究，研究全体样本组和国有控股组终极控制人所有权对股利分配的影响，以及在盈余操纵、会计稳健性和非效率投资条件下对股利分配的影响；第 7 章股权结构稳定性与国有资本收益关系实证研究，构建了股权和股权结构稳定性测度指标，研究了股权结构稳定性对国有资本收益的影响；第 8 章资本结构、股权结构、现金股利优化区间研究，研究了使公司价值（以 TobinQ 或 ROE 代表）最大化的资产负债率、国有股权比例、现金流权、表决权及两权分离度和现金股利支付率的优化区间；第 9 章结论与展望，综合研究结论，结合我国国有企业混合所有制改革实际，系统提出我国国有企业优化资本和股权结构、完善公司治理和收益分配的政策建议，由于国有企业股权结构和收益分配问题系统复杂，难以在一本书中尽述，在分析研究不足的基础上，提出了下一步研究方向，为未来研究做了必要铺垫。

1.4.2　思路

研究思路包括总体思路和局部思路。

（1）总体思路

总体思路为：引出我国国有企业在股权结构、公司治理和收益分配方面存在的突出问题后，通过相关文献综述和基础理论梳理搜寻线索，从国有企业股权结构和国有资本收益分配历史回顾中得到启示，从股权结构及其稳定性与国有资本收益关系实证中探索相关关系，从资本结构、股权结构和股利分配优化研究中发现相关指标优化区间，在理论线索、历史启示、相关实证结论基础上，提出了优化我国国有企业资本结构、完善公司治理和收益分配管理的定性定量兼顾的政策建议。总体研究思路如图 1.1 所示。

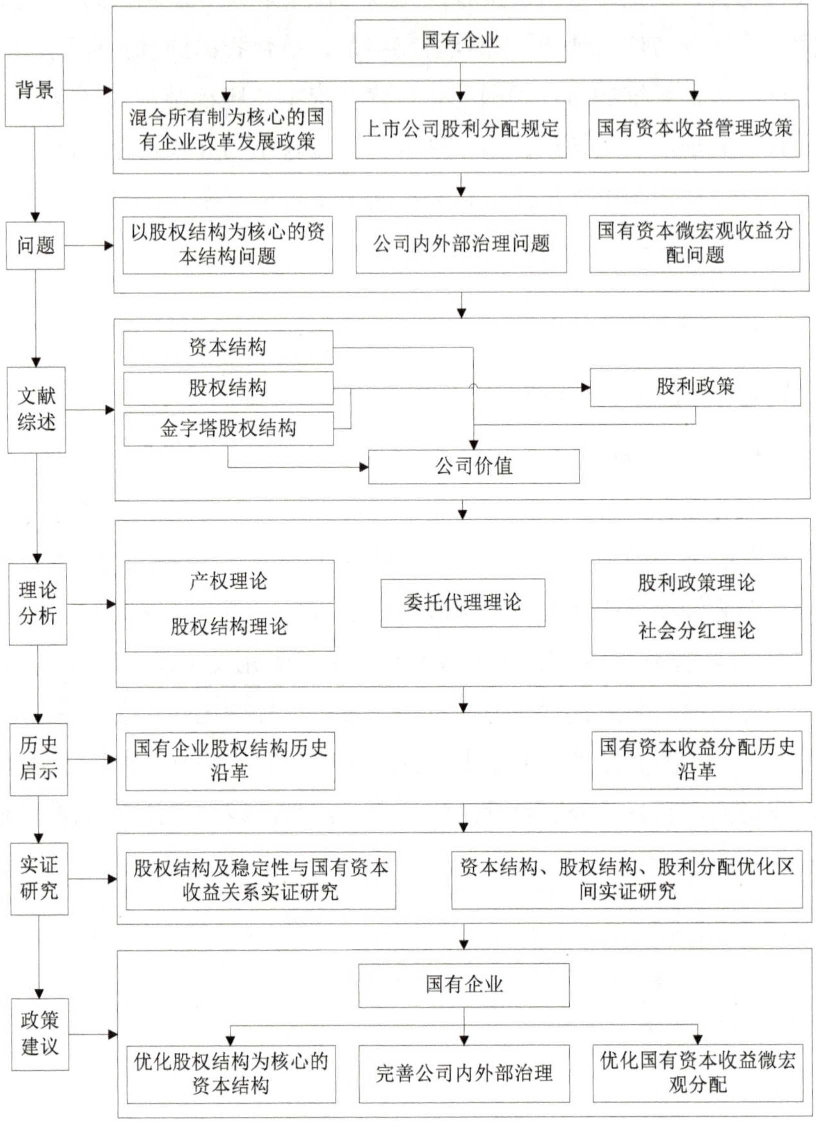

图 1.1　总体研究思路

（2）局部思路

局部研究思路主要包括：文献综述和基础理论研究思路、国有企业股权结构和国有资本收益分配历史研究思路、相关实证研究思路。

①文献综述和基础理论研究思路

文献综述思路为对相关国外文献回顾后，对国内文献进行回顾，然后对国内外文献进行相关评述。主要综述了资本结构、股权结构、金字塔股权结构、股利政策、股权结构与股利政策、金字塔股权结构与股利政策方面文献。基础理论研究思路为：产权理论—股权结构理论—委托代理理论—股利分配理论—国有资本收益分配理论。产权理论包括马克思产权理论和科斯产权理论。股权结构理论包括股权结构、股权稳定性和混合所有制股权结构稳定性理论。股权结构理论包括高度分散型、高度集中型、制衡型以及金字塔股权结构理论。股权稳定性理论包括股份制、国有股和社会个人股稳定性理论。混合所有制股权结构稳定性理论研究了混合所有制条件下股权结构稳定原理。股利分配理论包括股利无关论和股利相关论。国有资本收益分配理论主要涉及社会分红理论。文献综述和基础理论研究思路如图 1.2 所示。

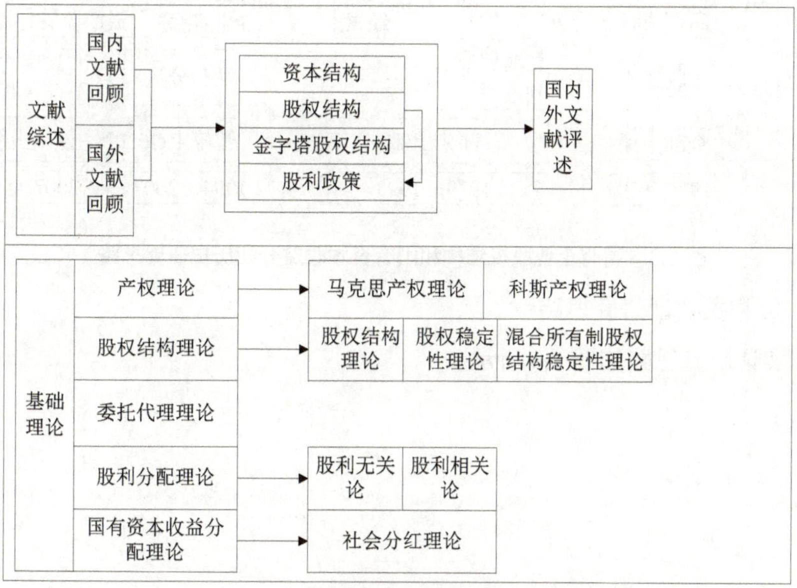

图 1.2 文献综述和基础理论研究思路

② 国有企业股权结构和国有资本收益分配历史研究思路

我国国有企业股权结构从改革开放前的“一大二公”逐渐转变为改

革开放后的股权多元。股权多元化是渐进的，从产权不变变经营权阶段逐步转变为产权多元化阶段。产权不变变经营权阶段先后经历放权让利和承包经营两个阶段。产权多元化阶段先后经历现代企业制度建立及国有资产监督管理体制建立和完善两个阶段，目前国有企业混合所有制改革是产权多元化阶段的延续。国有资本收益分配先后经历了全部上缴、部分上缴、暂停上缴和恢复上缴四个阶段。改革开放前，国有资本收益实行统收统支政策，收益全部上缴财政，改革开放后通过利改税、税利分流方式，国有资本收益转变为部分上缴，后暂停上缴，由于国有资本经营预算的实施，2007年后恢复了收益部分上缴。国有企业股权结构和国有资本收益分配历史研究思路如图1.3所示。

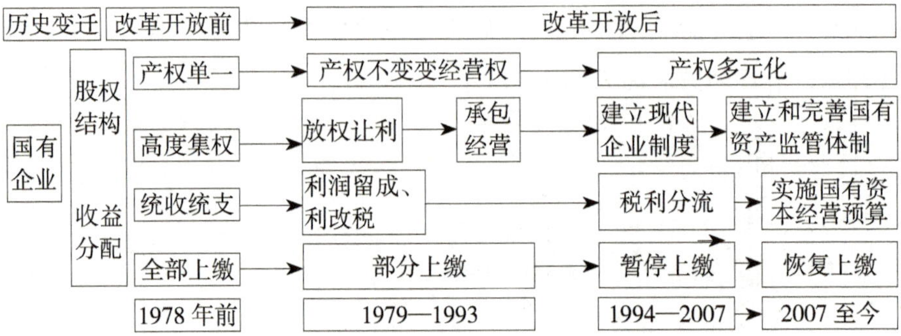

图1.3　国有企业股权结构和国有资本收益分配历史研究思路

③ 相关实证研究思路

实证研究思路如图1.4所示。

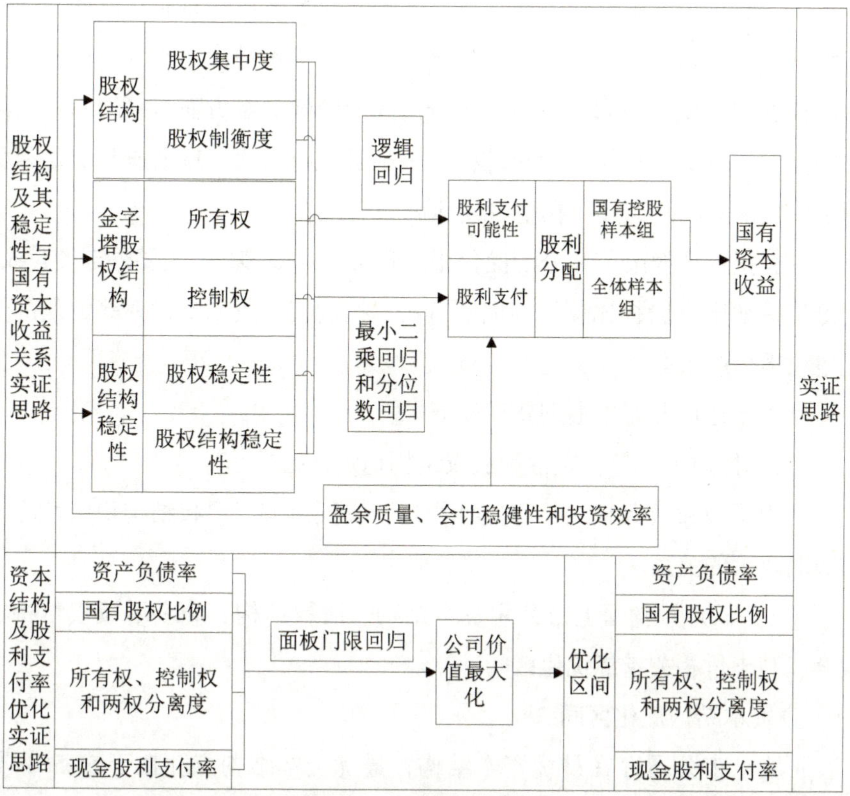

图 1.4　实证研究思路

1.5　创新和不足

1.5.1　创新

由于研究股权稳定性的文献不多，而研究股权结构稳定性的文献更少，已有文献主要集中于股权稳定性的定性分析、股权结构制衡分析、最优股权结构的理解和相关分析方面，股权稳定性和股权结构稳定性定量测度方面尚无人系统研究。

最优股权结构应是企业资源配置优化的结果，应能使公司价值或业绩最大化。基于数据挖掘确定变量极值点的回归模型通常用二次曲线模型，但采用该模型的突出问题是假定核心解释变量与被解释变量间存在二次曲线关系，而这与实际情况可能不符，二者之间关系可能是非线性的。面板门限回归模型是解决此类问题的较优模型。在资本结构、股权结构、金字塔股权结构、现金股利支付与公司价值或业绩间关系方面，采用面板门限回归模型搜寻资本结构、股权结构、金字塔股权结构、现金股利支付相关指标优化区间的研究还存在空白或须进一步完善。

国有企业产权改革和分配优化相关政策建议很多，但主要是定性建议，关键指标如国有股权比例、终极所有权、控制权、股利支付率等定量的优化建议很少或没有。

针对上述情况，本书创新点如下。

（1）构建了股权稳定性和股权结构稳定性指标

构建了股权及股权结构稳定性指标，实证研究了股权结构稳定性指标与股利政策的关系。

（2）研究了我国上市公司资本结构、股权结构、金字塔股权结构、现金股利支付相关指标优化区间

①资本结构优化区间

A 股上市公司存在最优资本结构，最优资本结构点存在于 55.56% 与 73.65% 之间，A 股主板上市公司具有同样特征。

②国有股权比例优化区间

国有参股不控股的混合所有制企业国有股权比例优化区间为（5.01%，15.46%），国有股权比例尽量接近 15.46%；国有相对控股的混合所有制企业国有股权比例优化区间为（32.16%，43.86%），国有股权比例尽量接近 32.16%；国有绝对控股的混合所有制企业国有股权比例优化区间为（74.56%，100%）。

③现金流权、表决权和两权分离度优化区间

两权分离度与公司价值之间存在倒 U 型关系，使公司价值最大化的终极控制股东所有权与控制权分离度为 6.07%；现金流权与公司价值间存在倒 U 型关系，使公司价值最大化的终极控制股东现金流权为 22.08%；终极控制股东最优表决权比例为 28.92%；受表决权影响的现金流权与公司价

值存在倒U型关系，当表决权为28.88%时，现金流权使公司价值最大化；当现金流权大于19.44%且小于等于22.08%时，受现金流权影响的表决权对公司价值负面影响最小。

④ 现金股利支付率优化区间

创业板上市公司最优现金股利支付率小于等于13.86%；中小板上市公司现金股利支付率与公司价值存在倒U型关系，最优现金股利支付率为23.9%；沪市主板A股上市公司现金股利支付率与公司价值也存在倒U型关系，最优现金股利支付率为51.07%。

（3）定性定量地提出了我国国有企业优化资本结构、完善公司治理和收益分配的政策建议。

在我国国有企业改革完善政策建议中借鉴了上述实证结论，使政策建议既有理论性，又有更强的可操作性。

1.5.2 不足

不足之处主要体现在以下方面。

（1）股权稳定性与其他方面主要指标关系未研究

由于本书主要研究股权结构稳定性基础上的国有企业收益分配问题，故在构建股权和股权结构稳定性测度指标后，主要研究了股权结构稳定性指标与股利政策的关系，而未研究股权稳定性与其他指标的关系。

（2）股权结构中国有股权外的相关股权比例优化区间未研究

由于国有控股企业股权结构核心是国有股权，所以重点研究了国有股权比例优化区间，而股权结构中其他股权，如机构股权、管理层股权以及员工股权等的持股比例优化区间没有研究。

（3）国有资本收益收取比例之外的其他重要方面未研究

国有企业收益微观方面研究了股利分配政策，宏观方面探讨了与微观紧密相关的国有资本收益收取比例问题，但国有资本收益管理不只是收取比例问题，还涉及收取范围、收益支出结构、是否统一归并公共财政管理等其他重要方面，都需要系统研究。

第 2 章　文献综述

2.1　资本结构

2.1.1　国内相关研究

焦瑞新（2010）实证研究表明：中国上市公司存在目标资本结构；实际资本结构向目标资本结构调整速度年均约为 45%。况学文（2013）实证研究发现：中国上市公司实际资本结构向目标资本结构调整速度为年均 13.8%。顾乃康和王贵银（2012）以 2001—2010 年沪深两市上市公司为样本，筛选出平衡面板数据，以资本结构相对偏离度为门限变量，进行了面板门限回归实证研究分析，发现：企业在资本结构动态调整过程中存在门限效应；当资本结构偏离度较大时，调整速度明显高于偏离度较小时的速度。党建兵等（2013）基于 2003—2010 年中国上市公司数据，研究了不同债务水平公司的资本结构调整速度，发现：规模较大、负债水平较高的公司对资本结构调整速度较快；反之，资本结构调整速度较慢。张亮亮和黄国良（2013）以 2001—2010 年 A 股上市公司为样本，研究了管理者超额薪酬对资本结构动态调整的影响，发现：管理者超额薪酬越高，资本结构调整速度越快。邹萍（2015）基于 2003—2012 年 A 股上市公司数据，研究了货币政策与股票流动性对资本结构动态调整的影响，发现：股票流动性越快，资本结构调整速度越快；宽松货币政策有利于改善资本结构调整速度。宋晓峰（2009）从融资期限和额度方面研究了最优资本结构存在性问题，结论是：中国上市公司存在最优资本结构。王欣和王磊（2012）修正发展了财务权变理论，认为企业可运用财务权变理论来获得最优资本结构。袁卫秋（2004）利用我国上市公司1995—2002 年有关财务数据研究发现：我国上市公司资本结构符合权衡理论，但不符合优序融资理论；我国上市公司存在最优资本结构。葛永波和姜旭朝（2008）实证研究发现：我国农业上市公司的融资行为基本符合优序融资理论，但也发现部分结果支持权衡理论。李心合等（2014）认为负债异质性假说更符合中国国情，在此条件下，优序融资理论和权衡理论都需重新阐释。吕长江等（2007）以 1997—2004 年沪深两市 610 家上市公司为样本，以主营业务总资产收益率为公司业绩因变量、资产负债率为解释变量，构造了二次曲线模型，实证研究发现：资本结构对公司业绩的影响呈倒 U 型关系，支持了权衡理论，证实了最优资本结构的存在。李宝仁和张院（2010）实证研究发现，资本结构与公司业绩呈负相关关系。金辉和李秋浩（2015）基于 2008—2013 年中国 A 股中小板 156 家制造业上市公司的面板数据，以托宾 Q 值代表企业价值，进行面板门限回归实证研究，发现负债水平与企业价值具有正相关关系。杨华等（2011）基于 1999—2008 年中国能源行业上市公司面板数据，以托宾 Q 值代表经营绩效、资产负债率为门限值，进行了面板门限回归实证分析，发现：能源行业上市公司存在最优资本结构，最优资本结构点（资产负债率）为 26.4%，因为存在单一门限效应，其门限值为 26.4%，门限值划分的左右两个区间影响系数呈显著正相关和负相关。

2.1.2 国外相关研究

Durand（1952）提出了包括净营业收益、净收益和折中理论的传统资本结构理论：净营业收益理论实质是资本结构无关论，即无论债券和股票比例如何，总债券和股票价值不变；净收益理论认为，总投资价值并非一成不变，会随着资本结构中债券比例上升而上升；折中理论是前两种理论的折中，认为如果债务负担过度，债券融资成本可能会上升，超过正常市场水平，而股票融资成本可能会降低到正常市场水平之下。Modigliani 和 Miller（1958）根据他们的模型，否认最优资本结构的存在，认为从资本成本角度看，所有资本结构是无差别的。Modigliani 和 Miller（1963）放宽了之前他们理论的假设条件，考虑了企业所得税因素，认为由于利息税盾存在，负债越多，企业价值越大。Robichek 和 Myers（1966）指出 Modigliani 和 Miller 的资本结构无关论建立在完美市场和不存在公司所得税假设之上，而现实中这些假设并不存在，在考虑企业所得税和破产成本等因素后，他们的结论是：在债务税收收益与破产成本权衡中可确定最优资本结构。Jensen 和 Meckling（1976）把代理成本分为债权代理成本和外部股权代理成本，债务增加，债权代理成本增加而外部股权代理成本减少，外部股权增加，外部股权代理成本增加而债权代理成本减少，总代理成本最小时，资本结构最优。Miller（1977）否认税收收益与破产成本权衡可产生最优资本结构，坚持认为，即使利息可在企业所得税前扣除，均衡的公司价值仍将与资本结构无关。Myers（1984）批驳了他曾做过重要贡献的权衡理论，认为税收收益与破产成本或财务困境成本权衡形成的最优资本结构貌似完美，但对现实公司融资行为解释力不强，原因是存在调整成本，调整成本可能来自信息不对称和代理问题，并从信息不对称出发，认为修正后的啄食顺序理论有实证证据支撑，可解释现实公司融资行为。Myers 和 Majluf（1984）假设内部管理层比外部投资者知道更多公司价值信息，投资者会理性解读公司行为，在此基础上构建了发行 - 投资决策均衡模型，模型解释了一些公司融资行为：内源融资优先于外源融资，外源融资中债务融资优先于股权融资。Myers（1993）继续鼓吹啄食顺序理论，指出权衡理论和啄食顺序理论虽可能都不令人满意，但基于两个事实解释力来看，权衡理论一个都不能解释，而啄食顺序理论似乎都能解释，两个事实分别是：市场把债务杠杆增加的证券发行视为好消息，而把债务杠杆下降的证券发行视为坏消息；盈利与财务杠杆显著负相关。Shyam–Sunder

和 Myers（1999）实证检验了静态权衡模型和啄食顺序模型，结论是由内部融资缺口驱动外部债务融资的啄食顺序模型比预测每个公司会逐渐向一个最优负债率调整的静态权衡模型有更强的解释力。静态权衡模型为 $\Delta D_{it}=a+b_{TA}(D^{*}_{it}-D_{it-1})+e_{it}$，$\Delta D_{it}$ 为债务水平实际变动，D^{*}_{it} 为目标债务水平，b_{TA} 为目标调整系数，如果 $b_{TA}>0$，则说明向着目标调整。啄食顺序模型为 $\Delta D_{it}=a+b_{PO}DEF_{it}+e_{it}$，$\Delta D_{it}$ 为债务融资额，DEF_{it} 为资金缺口，b_{PO} 为啄食顺序系数，如果 DEF_{it} 是负的，预期 $a=0$，$b_{PO}=1$。Shyam-Sunder 和 Myers 的实证结果显示：静态权衡模型中当因变量是负债率变动量时，b_{TA} 为 0.41，R^2 为 0.25，然而当目标负债率是由账面负债率通过三或五年移动平均计算得出时，目标调整系数则不显著；啄食顺序模型中当因变量是总负债发行额除以资产时，b_{PO} 为 0.85，很接近预期值 1，R^2 为很高的 0.86，说明模型拟合度很好。Lemma 和 Negash（2014）基于 1999—2008 年 9 个非洲发展中国家 986 家公司为样本，研究了资本结构调整速度，发现：盈利多的公司比盈利少的公司更倾向快速调整资本结构。Lin 和 Chang（2011）基于 1993—2005 年中国台湾 196 家上市公司面板数据，运用面板门限回归模型，以托宾 Q 值作为企业价值代理变量，研究了资产负债率与公司价值的关系，发现：存在双门限效应，资产负债率的两个门限分别为 9.86% 和 33.33%；当资产负债率小于 9.86% 时，资产负债率与公司价值显著正相关，相关系数为 0.0546；当资产负债率介于 9.86% 和 33.33% 时，资产负债率与公司价值显著正相关，相关系数为 0.0057；当资产负债率大于 33.33% 时，资产负债率与公司价值相关系数为 0.0006，但不显著。Lin 和 Chang 据此推断，一定存在一个小于 33.33% 的资产负债率的门限值，在该点上公司价值不再上升，这提供了一个支持权衡理论的证据。Cheng 等（2010）基于 2001—2006 年 650 家中国 A 股上市公司平衡面板数据，运用面板门限回归模型，以 ROE 作为企业价值替代变量，资产负债率为门限变量，资产规模、营业收入增长率、总资产增长率为控制变量，研究是否存在一个最优负债水平使企业价值最大化，结果发现：存在三门限效应，资产负债率的三个门限值分别为 53.97%、70.48% 和 75.26%；当资产负债率小于 53.97% 时，资产负债率与公司价值显著正相关，相关系数为 0.0979；当资产负债率介于 53.97% 和 70.48% 时，资产负债率与公司价值显著正相关，相关系数为 0.0507；当资产负债率介于 70.48% 和 75.26% 时，资产负债率与公司价值显著负相关，相关系数为 -0.0775；当资产负债率大于 75.26% 时，资产负债率与公司价值显著负相关，相关系数为 -0.2734；资本结构与企业价值存在倒 U 型关系，资本结构拐点在 70.48%，即存在使公司价值最大化的最优资本结构，支持了权衡理论。

2.1.3 研究评述

传统资本结构理论在最优资本结构存在问题上观点不统一。净营业收益观和净收益观均认为其不存在，折中理论则认为其存在（Durand，1952）。现代资本结构理论对这个问题认识也不统一。MM 理论认为资本结构与公司价值无关（Modigliani 和 Miller，1958）。修正后的 MM 理论，仍认为不存在最优资本结构（Modigliani 和 Miller，1963）。引入税收收益和破产成本因素的权衡理论认为存在最优资本结构（Robichek 和 Myers，1966）。新资本结构理论中代理成本观认为在债权代理成本和股权代理成本权衡中存在最优资本结构（Jensen 和 Meckling，1976）。啄食顺序理论否认最优资本结构的存在，认为存在最优融资顺序（Myers，1984、1993；Myers 和 Majluf，1984；Shyam-Sunder 和 Myers，1999）。权衡理论检验集中在资本结构调整速度、影响因素、最优资本结构存在性和最优资本结构点方面。中国上市公司资本结构调整速度年均为 45%（焦瑞新，2010），也有研究认为年均为 13.8%（况学文，2013）。影响资本结构调整速度因素很多，包括盈利状况（Lemma 和 Negash，2014）、资本结构相对偏离度（顾乃康和王贵银，2012）、规模和负债水平（党建兵等，2013）、管理者超额薪酬（张亮亮和黄国良，2013）、货币政策与股票流动性（邹萍，2015）等。根据权衡理论，对资本结构从实际负债水平向目标负债水平调整过程的检验前提是存在一个最优资本结构，即目标资本结构，而不幸的是，目标资本结构难以测量（Shyam-Sunder 和 Myers，1999），目标资本结构要么通过计算近几期实际负债率平均数来估计，要么假设目标负债率是相关几个变量的函数，再通过数据拟合来估计，在此基础上构造调整模型进行权衡理论检验。近几期实际负债率的平均数或负债率函数的数据回归拟合值作为目标资本结构（最优资本结构）是否合理？有学者以公司业绩为因变量，负债率为解释变量构造了二次曲线模型，通过回归来探寻最优资本结构存在性，发现存在最优资本结构（吕长江等，2007）。二次曲线模型是人为假定的，存在主观性。近几年来，一些学者开始利用面板门限回归模型，基于面板数据，自举方式搜索与公司价值相关的负债率的突变点，来检测最优资本结构的存在性。或以托宾 Q 值或以 ROE 代表公司价值作为模型因变量，负债率作为门限变量，检验结果包括：负债水平与企业价值具有正相关关系（Lin 和 Chang，2011；金辉和李秋浩，2015）；中国能源行业上市公司存在最优资本结构，最优资本结构点为 26.4%（杨华等，2011）；中国 A 股上市公司存在最优资本结构，最优资本结构点为 70.48%（Cheng 等，2010）。利用面板门限回归模型研究最优资本结构存在与否及存在点的四篇文献中，三篇文献以托宾 Q 值作为公司价值代理变量（Lin 和 Chang，2011；杨华等，2011；金辉和李秋浩，2015），一篇文献以 ROE 作为公司价值代理变量（Cheng 等，2010）。根据权衡理论，在负债税收收益与破产成本或财务困境成本权衡过程中，当负债税收边际收益等于破产边际成本或财务困境边际成本时，公司因负债产生的净收益最大，即公司价值最大化，此时资本结构最优，负债率为最优资本结构点。从这个角度看，与公司价值最大化直接对应的是因负债产生的公司净收益最大化。托宾 Q 值是市场价值与账面资产的比值，引入了市场价值因素，但在市场价值最大化与公司净收益最大化之间存在很多影响因素，可能导致公司净收益最大与市场价值最大不同步。ROE 是体现公司净收益状况的典型相对指标，可直接代表负债产生的公司净收益水平，更适合作为权衡理论检验中的公司价值替代变量。

2.2 股权结构

2.2.1 国内相关研究

陈小悦和徐晓东（2001）对深交所1996—1999年间金融行业外上市公司进行研究，发现国有股比例与企业业绩无显著影响。姚俊、吕源和蓝海林（2004）以593家上市公司为样本，分析了公司多元化程度、股权结构与经济绩效的关系，发现国有股权比例对多元化公司业绩无显著影响。刘小玄和李利英（2005）对1994—1999年间竞争性行业451家企业数据进行研究，发现国有产权对企业绩效具有显著副作用。刘媛媛等（2011）以我国2007年上交所730家公司为对象进行实证分析，结果表明国有股权比例与公司绩效显著正相关。田利辉（2005）研究发现国有股权比例与公司绩效间呈现左高右低非对称U型关系：起初国有股权比例上升，企业绩效下降；但当国有股权比例达到一定水平后，随着国有股权比例上升，企业绩效上升。任力和倪玲（2014）研究结果表明，国有股权比例与公司绩效呈显著倒U型曲线关系，当国有股比例为31.13%时，公司绩效最佳。安烨等（2011）对沪深两市A股制造业373家上市公司9年数据进行研究，发现：当把股权结构划分为国有股、法人股和流通股时，国有股权比例与公司绩效间存在非线性的U型关系；当控制公司规模、资产负债率和行业效益时，国有股对公司绩效显著负相关。胡国柳等（2006）对中国上市公司进行研究，发现国有股比例与资本支出水平负相关。吴联生（2009）研究了国有股权与公司税负间关系以及税收优惠对国有股权与公司税负的影响。研究结论表明，国有股权比例越高，实际税率越高；非税收优惠公司国有股权正向税负效应显著高于税收优惠公司。席敏等（2006）以140家上市公司为对象，实证研究了投资与股权结构间关系，结果表明国有股权比例对我国上市公司投资无显著影响。

2.2.2 国外相关研究

Shleifer 和 Vishny（1986）认为股权分散的公司随着股权集中度的提高，公司绩效也会提高，因为大股东有能力和动机去有效监督管理层的行为，增强接管行为的有效性，降低管理层代理成本，追求公司价值最大化。Fama（1980）认为，市场竞争可以约束作为契约集的公司的行为，迫使公司改进方法，有效监督整个团队及其成员的业绩，充分竞争的经理人市场可以解决因所有权与经营权分离造成的代理问题，有效约束和激励经理人行为，而公司股权只是一个无关概念。Demsetz 和 Lehn（1985）研究发现公司股权集中度与会计利润率之间没有显著相关性。Burkart 等（1997）认为，分散的外部股权和管理自主权虽增加成本，但也带来收益，股东的严格控制即使是有效的，也会对经理人形成剥夺威胁，进而降低管理积极性，股权集中及相应监督对经理层的积极性造成不当干预，降低了公司绩效。Jensen 和 Meckling（1976）认为，具有公司控制权的内部股东比例上升，公司价值随之上升。McConnell 和 Servaes（1990）实证研究发现企业内部人持股比例与企业 Tobin Q 值（市场价值与资本重置成本之比）之间具有倒 U 型关系。Morck 等（1988）对管理层持股与公司市场价值的相关性进行了研究，发现：二者具有一种显著的非线性关系，随着董事会持股比例上升，托宾 Q 值先上升，后下降，最后又稍微上升。

2.2.3 研究评述

股权结构与公司价值间关系归纳为五种情况：正相关（Shleifer 和 Vishny，1986；Jensen 和 Meckling，1976）、无关（Fama，1980；Demsetz 和 Lehn，1985）、负相关（Burkart 等，1997）、倒 U 型关系（McConnell 和 Servaes，1990）和非线性关系（Morck 等，1988）。

国有股权比例与公司业绩关系归纳为五种情况：无关（陈小悦和徐晓东，2001；姚俊等，2004）；负相关（刘小玄和李利英，2005；孙菊生和李小俊，2006）；正相关（刘媛媛等，2011）；U 型曲线关系（田利辉，

2005；安烨等，2011）；倒 U 型曲线关系（任力和倪玲，2014）。学者也对国有股权比例与公司业绩以外因素关系进行了研究，如国有股权比例与投资关系、国有股权比例与税负关系等。对国有股权比例与公司业绩关系的已有研究成果进一步归纳为两种情况：线性关系与非线性关系。线性关系包括：无显著关系、显著负相关和显著正相关。其主要问题在于人为主观假定关系是线性的，没有考虑非线性可能，通过多元线性回归的结果可能不符合实际情况。非线性关系上述已有成果中只包括 U 型和倒 U 型两种关系，这两种曲线关系主要问题是人为主观假定国有股权比例与公司业绩关系中只有一个拐点，且是二次曲线，没有考虑到可能存在多个拐点的情况。

2.3 金字塔股权结构

2.3.1 国内相关研究

叶勇等（2007）实证发现，上市公司隐性终极控制股东通过金字塔结构产生了控制权与现金流权间的两权分离，两权分离度与上市公司市值负相关。张霜和康勇（2009）基于 1999—2001 年 290 起股权转让上市公司样本，实证研究发现：当终极控制人控制权从政府转到法人时，股份增加与短期绩效正相关；从法人转到法人时，股份增加不利于中期业绩提升，但利于长期业绩改进；从法人转到政府时，股份增加对公司业绩具有消极影响。黄雷等（2010）研究发现，终极控制股东所有权与公司业绩负相关。曹裕等（2010）基于 2005—2008 年中国 752 家上市公司数据，实证研究发现：最终控制人控制权、现金流权均与公司价值负相关；在成长期和成熟期，两权分离度与公司价值负相关，在衰退期则与公司价值正相关。马磊和徐向艺（2010）以三一重工为研究对象，对三一重工公司绩效与控制股东现金流权、表决权及两权分离度进行灰色关联度分析，实证发现，现金流权与公司绩效正相关，具有激励效应，两权分离度未降低公司绩效，没有产生防御效应，但激励和防御效应均不显著。王雷等（2010）以 2007 年沪深两市 A 股

170 家国有控股上市公司截面数据为样本，研究了控制权与现金流权之间偏离度对国有控股上市公司经营绩效影响，结果发现，当终极控制股东存在超额控制权时，总经理两职合一、管理层持股和高管薪酬与公司绩效正相关，没有超额控制权时，执行董事比例、总经理两职合一对企业绩效负相关，管理层持股对企业绩效正相关。冉戎和郝颖（2011）以 1998—2006 年中国上市公司数据为样本，研究了控制权私利对公司价值的影响，发现：超额控制权私利导致公司价值下降；合理控制权私利有利于公司价值增加；两权分离度较低时，促进合理控制权私利对公司价值正面影响，较高时，加剧超额控制权私利对公司价值负面影响。张欣哲等（2012）以沪深两市由自然人创立、拥有的民营上市公司为样本，实证研究发现，控制权与所有权分离度与公司绩效显著负相关。鞠雪芹（2012）基于中国 A 股上市公司 2008 年截面数据，分国资委和自然人为实际控制人两组样本，实证结果发现：两组样本中，控制权、现金流权和股权控制链对两权分离度的影响方向相同；自然人控股样本组中，两权分离度与企业价值显著负相关；国资委控股样本组中，两权分离度与企业价值负相关，但不显著，若设定二次曲线关系的话，则存在微弱的 U 型关系，随着两权分离度增加，企业价值先降后升。刘鑫等（2014）以 2000—2010 年中国上市公司为样本，研究了终极控制人现金流权、两权分离度与公司风险承担间相关关系，结果发现，现金流权与公司风险承担呈 U 型关系，而两权分离度与公司风险承担呈倒 U 型关系。

2.3.2 国外相关研究

LaPorta 等（1999）基于 27 个发达经济体的大公司股权结构数据，研究了这些公司的终极控制股东，发现除了股东权益保护良好的经济体外，这些公司通常是家族控制或国家控制型企业，终极控制股东通过金字塔股权关系链和管理参与，使其实际控制权明显超过了现金流权。LaPorta 等（2002）构建了一个小股东法律保护和控制股东现金流权对公司价值影响效应模型，利用 27 个发达经济体 539 家大企业数据检验了该模型，研究发现在那些发达经济体中，小股东权益保护越好，并且控制股东现金流权越高，公司价值就会越高。Claessens 等（2000）研究了 9 个东亚国家 2980 家公司所有权与控制权的两权分离状况，发现所有国家中，控制人通过金字塔结构和交叉持股导致表决权经常超出现金流权，两权分离现象在家族控制企业和小公司中最明显。Claessens 等（2002）基于 8 个东亚经济体 1301 家上市公司数据，研究发现，当第一大股东现金流权上升时，公司价值上升，具有激励效应，而当第一大股东控制权超过其现金流权时，公司价值下降，又产生了防御效应。Lins（2003）基于 18 个新兴市场 1433 家公司样本，考察了管理层股权集中度和非管理层的大股东股权集中度是否与公司价值相关，研究发现，对于管理层持股集中的公司，当控制权超过现金流权时，公司价值较低，而非内部持股的大股东拥有更多控制权时，公司价值与之正相关，这两种效应在那些对股东权益保护程度低的国家更显著，这意味着外部股东保护机制对限制管理层代理成本发挥着作用，非内部持股的大股东也能扮演缺失的机构治理机制的部分替代作用。Daniel 和 Elizabeth（2013）基于 2001—2010 年 237 家巴西上市公司 1199 条非平衡面板观测数据，利用系统广义矩方法进行动态回归，检验股权和控制权集中度是否影响公司市值，研究发现，第一大股东现金流权与公司市值间存在倒 U 型的二次曲线关系，而且还发现，第一大股东持股的修正市值引起激励效应，而表决权集中度引起了防御效应。Lin 和 Lin（2013）基于 1997—2006 年 242 家中国台湾上市公司面板数据，以托宾 Q 值作为公司价值代理变量，利用面板门限回归模型，研究了终极控制人现金流权和控制权分别与公司价值的相关关系，实证结果发现，小于 27.8% 的现金流权以及在 32.34% 与 34.03% 之间的控制权是终极控制人实现公司价值最大化的最优水平。

2.3.3 研究评述

现金流权与公司价值关系归纳为五种情况：正相关（LaPorta，2002；Claessens 等，2002；马磊和徐向艺，2010）；负相关（黄雷等，2010；曹裕等，

2010）；倒 U 型关系（Daniel 和 Elizabeth，2013）；U 型关系（刘鑫等，2014）；非线性关系（Lin 和 Lin，2013）。

控制权与公司价值负相关（曹裕等，2010）；超额控制权私利导致公司价值下降，合理控制权私利有利于公司价值增加（冉戎和郝颖，2011）。

两权分离度与上市公司价值负相关（Claessens 等，2002；叶勇等，2007；张欣哲等，2012）；管理层持股集中时，两权分离度与公司价值负相关，外部大股东拥有更多控制权时，两权分离度与公司价值正相关（Lins，2003）；两权分离度与上市公司价值呈倒 U 型关系（刘鑫等，2014）。

2.4 股利政策

2.4.1 国内相关研究

杨汉明（2008）研究结果发现，现金股利支付率与企业价值负相关。肖万与宋光辉（2012）实证分析发现，现金股利发放提高了公司价值。王国俊与王跃堂（2014）以申请在中小板和创业板上市的公司为样本，实证研究发现，承诺分红比例高的公司上市后业绩优于承诺分红比例低的企业，分红承诺不附加条件的公司上市后的业绩更好。刘孟晖与高友才（2015）实证结果表明，正常派现增加公司价值。徐寿福与徐龙炳（2015）基于 2004—2012 年中国 A 股上市公司数据，实证研究发现：现金股利提高上市公司绩效；适度现金股利有助于提升公司价值。谢军（2008）实证研究发现，公司成长性与现金股利支付率负相关。冯阳等（2010）实证研究发现，现金股利支付率与公司成长性负相关。吴卫华与万迪昉（2012）实证发现，QFII 持股能够促进上市公司提高现金股利支付率。庞金伟（2012）研究结果表明，上市公司实际所得税率与股利支付率正相关。祝继高和王春飞（2013）研究发现，金融危机会降低上市公司现金股利支付率。郭红彩（2013）基于中国 A 股 2003—2010 年数据，实证研究发现，管理层权力与上市公司现金股利支付率负相关。李树根（2014）基于 2009—2011 年中国 A 股上市公司数据，研究发现，政府对上市公司干预越高，股利支付率越低。王会娟等（2014）研究发现，有私募股权投资参与的公司现金股利支付率较高。宋福铁与屈文洲（2010）实证研究表明，上市公司现金股利支付率不具有生命周期特征。李常青与彭锋（2009）以2000—2006年A股上市公司为样本，实证结果表明：相较于成长期，成熟期的现金股利支付率较大；相较于成熟期，衰退期的现金股利支付率较小。王政（2013）以2007—2011年A股696家制造业上市公司为样本，基于面板门限回归模型，研究了现金股利支付水平与相关影响因素的关系，实证结果发现，现金股利支付水平与现金流、盈利能力正相关，与负债水平负相关，当每股盈余为门限变量时，公司规模与现金股利支付水平呈非线性关系，而且存在双门限值。

2.4.2 国外相关研究

Lintner（1956）构造了股利实际变化量与目标变化量之间回归模型，也可变换成股利与利润和上期股利的回归模型，以1918—1951年期间数据拟合结果显示，利润与股利之间正相关。Walter（1956）认为当额外投资回报率超过市场资本化率时，低现金股利支付率可提升股票价值，但当额外投资回报率低于市场资本化率时，高现金股利支付率可提升股票价值，此时股东可从尽可能高的股利分配中受益。Miller和Modigani（1961）认为在完美资本市场、理性行为和完全确定性条件下，股利政策与公司价值无关，但也指出，在非完美经济条件下，股利分配与公司价值相关。Modigani（1982）认为股利支付会降低公司市值。Rozef（1982）以从1981年6月5日出版的《价值线投资调查》中选取的跨64个行业的1000家股票为样本，实证研究了内部持股比例、收入增长率、股票贝塔系数和普通股数量的自然对数与目标现金股利支付率的关系，发现普通股数量自然对数与目标现金股利支付率显著正相关，其他自变量均与目标现金股利支付率显著负相关，这意味着最优现金股利分配显著降低代理成本（内部持股比例代表代理成本），显著提高外部融资的交易成本（普通股数量自然对数代表外部融资交易成本），最优现金股利支付率应使上述相反两种成本之和最小化。Jensen（1986）认为支付现金股利可以减少自由现金流，降低经理层自由现金流权力，抑制经理层过度投资行为。Bhattacharya（1980）把非耗散信号模型应用到公司股利决策领域，认为股利传递未来盈利信息。John 和 Williams（1985）识别了应税股利的一个信号均衡，在此均衡中，一旦当公司和当前股东的现金需求超过了公司内部供给时，拥有更多有价值私有信息的公司内部人便会适量发放更多股利以使公司股票价格更高，同时又发行新股，因为股利蕴含了公司审计所不能传递的所有私有信息。DeAngelo 等（2006）研究发现，股利具有生命周期特征，当资本中保留盈余占比很大时，发放股利公司占全部公司总数比例就高，而当资本中盈余占比很小时，发放股利公司比例几乎降为零，资本构成中盈余占比与股利发放决策显著相关，影响程度超过其他控制变量。

2.4.3　研究评述

关于现金股利支付率的国内外文献集中在现金股利分配与公司价值以及其他影响因素的关系方面。

现金股利与公司价值线性关系包括三种：正相关（Lintner，1956；Walter，1956；肖万和宋光辉，2012；王国俊和王跃堂，2014；刘孟晖和高友才，2015；徐寿福和徐龙炳，2015）、无关（Miller 和 Modigani，1961）和负相关（Modigani，1982；杨汉明，2008）。现金股利传递公司盈利及其他所有私有信息（Bhattacharya，1980；John 和 Williams，1985）。与现金股利支付率正相关的其他因素包括：外部融资交易成本（Rozef，1982）、QFII 持股（吴卫华和万迪昉，2012）、公司实际所得税率（庞金伟，2012）、私募股权投资（王会娟等，2014）、基金公司以外的机构投资者持股（邓鸣茂，2015）；与现金股利支付率负相关的其他因素包括：代理成本（Rozef，1982；Jensen，1986）、金融危机（祝继高和王春飞，2013）、管理层权力（郭红彩，2013）、政府干预（李树根，2014）。现金股利的生命周期特征：成长期公司发放现金股利可能性小，而成熟型企业发放现金股利可能性大（DeAngelo 等，2006）；公司成长性与现金股利支付率负相关（谢军，2008；冯阳等，2010）、现金股利支付率不具有生命周期特征（宋福铁和屈文洲，2010）、现金股利支付率具有倒 U 型关系的生命周期特征（李常青和彭锋，2009）、现金股利支付率生命周期特征具有行业差异（霍晓萍，2014）。王政（2013）利用面板门限回归模型研究了 A 股制造业上市公司现金股利支付水平与相关影响因素的关系，但没有研究股利支付率与公司价值的关系。

2.5　股权结构与股利政策

2.5.1　国内相关研究

张传明和徐植（2006）以深沪两市上市公司为样本，研究了股权结构对股利政策的影响，实证结果发现股权集中度与现金股利支付正相关。

杨汉明（2008）采用两阶段最小二乘法，研究了中国企业股权结构与现金股利的相关性，实证结果发现，管理层持股比例与现金股利支付率负相关。

谢军（2007）以中国沪市 763 家 A 股上市公司 2003 年截面数据为样本，采用 Logistic 回归模型，研究了股权结构对现金股利发放可能性的影响，分别以第一大股东持股、头两大股东持股和头三大股东持股代表股权结构，实证结果发现，股权结构对现金股利支付可能性有显著正影响。

许文彬和刘猛（2009）在股权分置改革背景下，基于中国上市公司样本数据，实证研究了股权结构对现金股利政策的影响。结果表明：股权分置改革前后具有绝对控股股权结构的公司均存在现金股利隧道效应；制衡型股权结构的公司大股东间制衡与监督有效抑制了控股股东对中小股东利益侵害行为；股权分置改革后绝对控股股权结构公司目标股利支付率低于制衡型股权结构的公司；我国上市公司股利政策较弱的稳定性在股权分置改革后未得到改善。

闫昌荣（2012）基于中国 565 家上市公司样本数据，采用半参数模型，研究了股权结构与现金股利政策的关系，实证结果发现：以第二大股东与第一大股东股权比例之比代表的股权制衡度与现金股利分配数量间存在倒 S 形关系，拐点大致分别在 30% 和 60%；头十大股东持股比例与现金股利分配可能及分配量之间都存在倒 U 形关系，拐点大致分别在 60% 和 80%。

吴明礼和李世涛（2007）基于分配年度为 2002—2004 年且现金发放年度为 2003—2005 年的沪深两市 A 股上市公司样本数据，研究了股权结构、股权制衡度对现金股利政策的影响，实证发现：第一大股东持股比例与现金股利正相关，流通股比例与现金股利负相关；提高以第二大股东与第一大股东股权之比所代表的股权制衡度可抑制第一大股东利益输送行为。

张路等（2015）研究了首次公开发行超募资金投向对现金股利政策的影响，实证结果表明：超募资金补充流动现金的增多提升了现金股利支付水平；大股东持股比例较高的上市公司中，超募资金补充流动资金程度与现金股利支付水平间的正相关关系更加显著，体现出大股东对中小股东利益侵占更严重。

原红旗（2001）基于沪深两市 A 股非金融行业 1994—1997 年有股利方案的上市公司样本数据，实证研究了中国上市公司股利政策的影响因素，结果发现：股权结构与公司治理对股利决策有重要影响，控股股东存在转移上市公司现金的行为，管理层存在浪费股票股利留存公司资金的现象。

汪平和孙士霞（2009）基于 2002—2007 年沪深两市国有控股上市公司样本数据，研究了股权结构对股利政策的影响，实证结果发现：对股利支付率和每股股利的影响，国有股权比例、第一大股东股权比例以及股权集中度显著正相关，法人持股比例负相关，但不显著，流通股比例则显著负相关。

武晓玲和翟明磊（2013）基于我国股权分置改革前后 642 家上市公司样本数据，研究了股权结构对现金股利政策的影响，实证结果发现：大股东存在较强现金股利偏好，对中小股东利益进行侵占，但管理层和机构股权不能有效抑制大股东的侵占行为，股权分置改革对股权结构进行了优化，抑制了大股东侵占行为，增强了对中小股东的保护。

邓超和王思捷（2012）实证研究发现，对股利支付率的影响中，第一大股东持股比例正相关，前五大股东股权集中度负相关，国有股和流通股比例则不显著。

朱德胜（2010）基于2003—2006年沪深两市900家上市公司样本数据，考察了控股股东股权、股权制衡度与股利政策间的关系，研究结果发现：控股股东股权比例越大，公司现金股利支付可能性越大，越倾向于更高股利支付水平；股权制衡度增加可降低代理成本，抑制现金股利发放。

党红（2008）实证研究发现，股权集中度、第一大股东股权比例和第二到第十大股东股权比例之和与每股现金股利显著正相关、非限售流通股与每股现金股利显著负相关关系，在股改前后始终存在，现金股利作为降低控股股东与中小股东代理冲突工具职能未发挥出来。

胡国柳和黄景贵（2005）基于我国上市公司样本数据，研究了股权结构与股利政策关系，实证结果发现，与现金股利支付率的关系中，股权集中度、管理层股权比例显著正相关，国有股权比例正相关，法人股、流通A股比例负相关，但不显著。

许静和张延良（2013）基于中国上市公司样本数据，研究股权结构对股利政策的影响，实证结果发现，股权集中度越高，公司越倾向于现金股利支付政策。

邓鸣茂（2015）实证研究发现：国有控股上市公司偏好较高的现金股利支付，2013年以前个人控股上市公司最不倾向现金股利；证券投资基金外的金融机构股权比例与现金股利支付水平存在正相关关系；高管股权比例2013年以后与现金股利支付水平呈显著正相关关系。

2.5.2 国外相关研究

Basil和Erhan（2016）基于2003—2012年土耳其伊斯坦布尔股市264家非金融、非公用事业的上市公司面板数据，采用logit和tobit回归模型，以股利发放可能性、股利支付率和股利代表股利政策，研究了土耳其上市公司股权结构对股利政策的影响，特别尝试揭示家族股东介入、非家族大股东和少数股东对股利决策的影响效应。家族股东介入方式是掌握公司股权和董事会投票权。非家族大股东指外国投资者、国内金融机构和国有股东。实证研究发现：外资股权和国有股权的股利支付可能性更小，其他股权变量，如家族介入、国内金融机构和少数股权，则对支付股利可能性的影响不显著；所有股权变量对股利支付率和股利收益影响都不显著。

Luciana 和 Aydin（2006）基于 139 家意大利上市公司样本数据，研究了公司股权结构与股利政策的关系。意大利股权结构高度集中，代理问题主要表现为大股东与小股东之间利益冲突。实证结果发现，当第一大股东表决权上升时，公司就会制定较低的股利支付政策，另外，大股东间协议的存在可能解释强有力的非控制股东的有限监督力的现象。

Richard 等（2014）研究了新兴市场国家泰国的股利变化，考虑了泰国公司环境对股利政策的可能影响，构建了代理成本及自由现金流框架下投资者力量强度与股利的关系。基于 1996—2009 年泰国改变股利政策公司的大样本数据，检验了信号假设、自由现金流假设和生命周期假设，实证结果不支持信号假设，支持自由现金流和生命周期假设，股权变量分析显示，上升的投资者力量（例如，国内机构股权高集中度）导致了更高的股利支付水平。

Chen 等（2005）基于 1995—1998 年中国香港 412 家上市公司样本数据，研究了家族股权集中度对股利政策的影响，实证研究发现，家族股权与股利政策几乎无关，仅对于小企业而言是相关的，当家族持股比例在 10% 以内时，存在显著负相关关系，当家族持股比例在 10% 和 35% 之间时，存在正相关关系。

Lin 等（2010）基于中国上市公司大部分是由国有企业转型而成，具有高股权集中度和高国有股权比例特征的现实，研究了中国上市公司股权结构和股利偏好的关系，实证结果发现，国有股权与现金股利偏好存在正相关关系，员工持股比例和流通股比例与现金股利偏好显著负相关。

Khan 等（2006）基于英国 330 家大型上市公司面板数据，研究了股权结构与股利的关系。实证结果显示，股权集中度与股利存在负相关关系。这符合股利代理模型，股利用来替代股东对管理层的薄弱监督，也可解释为大股东可将他们偏好的股利支付政策强加给公司。

2.5.3 研究评述

关于股权结构与股利政策关系的国内外文献集中于股权集中度、股权制衡度、国有股权、机构股权和管理层股权与股利政策关系方面。

股权集中度与股利支付关系归纳为正相关（张传明和徐植，2006；吴明礼和李世涛，2007；张路等，2015；汪平和孙士霞，2009；朱德胜，2010；党红，2008；胡国柳和黄景贵，2005）、负相关（Khan 等，2006；邓超和王思捷，2012）和倒 U 型关系（闫昌荣，2012）。股权制衡度与股利支付关系归纳为负相关（朱德胜，2010）和倒 S 型关系（闫昌荣，2012）。国有股权与股利支付可能性正相关（谢军，2007）。国有股权与股利支付水平关系为正相关（汪平和孙士霞，2009；胡国柳和黄景贵，2005）。机构持股与股利支付关系为正相关（Richard 等，2014；邓鸣茂，2015）。管理层持股比例与现金股利支付关系归纳为正相关（邓鸣茂，2015）和负相关（杨汉明，2008）。

2.6 金字塔股权结构与股利政策

2.6.1 国内相关研究

朱滔和王德友（2007）基于 2003 年中国沪市 469 家上市公司样本数据，研究了终极控制股东金字塔股权结构对股利政策的影响，实证发现，终极控制股东具有高所有权、低两权分离度时，偏好现金股利，且现金股利支付水平高。

朱滔（2009）基于 2004 年沪市非金融行业 729 家上市公司样本数据，采用 Tobit 和 Ols 模型，研究大股东在金字塔结构下如何进行股利决策，实证结果发现，终极控制股东现金流权与现金股利正相关。

王毅辉和李常青（2010）基于2004—2007年4766个非金融行业上市公司样本数据，研究金字塔结构对股利政策的影响，实证发现，终极控制人所有权、控制权比例，均与股利支付可能性和水平显著正相关。

张俭和石本仁（2014）基于2007—2012年中国1280家上市家族公司样本数据，研究了终极控制人控制权与所有权的两权分离度对股利政策的影响，实证结果发现，两权分离度与现金分红概率和水平呈显著负相关关系。

顾小龙（2015）基于2006—2012年A股上市公司样本数据，研究了终极控制人表决权与现金流权两权分离度对现金股利与股价崩盘关系的影响，实证结果发现，两权分离度增强了现金股利和股价崩盘的正向关系。

李志军和徐寿福（2013）基于2004—2010年中国A股上市公司样本数据，检验了金字塔结构、投资者法律保护程度对现金股利政策的影响，结果发现，终极控制股东所有权、投资者法律保护程度与现金股利显著正相关，投资者法律保护越好，终极控制股东所有权对现金股利分红水平边际影响越小。

邓建平和曾勇（2005）研究发现，家族控制上市公司中，控制性家族现金流权越高，公司越偏好较高的现金分红，表决权和现金流权分离度越大，公司越偏好不发放或者较低现金分红。

王化成等（2007）研究发现，控股股东所有权与控制权分离度越高，股利分红概率和分红水平越低。

闫华红和魏永红（2010）基于2004—2008年中国A股1411家上市公司样本数据，检验了家族上市公司金字塔结构对股利政策的影响，结果发现，终极控制人越高的现金流权和越低的两权分离度，现金股利发放概率和支付水平越高。

2.6.2 国外相关研究

William 等（2013）研究了国有控股股权和金字塔结构股权如何影响中国上市公司股利政策，研究发现：中国国有控股公司比民营控股公司支付了更高的股利（股利以股息收益和股利支付率测度）；股权控制链延长时，公司支付更低的股利。民营控股公司比国有控股公司支付更低股利的原因在于前者取得外部资金比后者有更多资本约束。控制链长度与股利负相关源于中国金字塔股权结构中公司间资金有更多投资机会，这是金字塔股权结构下公司间内部资本市场特征之一。

Julio 等（2012）于来自 9 个欧元区国家的面板数据，研究了家族企业是否把股利政策作为公司治理机制来解决控股家族与小股东间的代理问题，研究发现，家族企业分配了更高和更稳定的股利来缓解小股东利益诉求，不过这主要发生在第一大股东投票权与现金流权没有分离的家族企业以及那些第二大股东不是家族的企业。该研究政策含义在于：家族企业应把股利政策视为治理工具以此吸引投资者，扩大股东基础；小股东因此也可受益于家族企业股利决策；欧洲政策制定者采取必要措施，禁止控股家族采用有利于他们私利的股权结构。

Huang 等（2012）研究了家族企业占统治地位的中国台湾的上市公司现金流权与股利支付政策的关系，实证结果发现二者关系是非线性的。由于受到随时失去控制权的威胁，现金流权处于低水平的控制家族会宣布更多股利，在这一水平下，控股家族现金流权与股利支付正相关；当控股家族现金流权处于中等水平时，壕沟效应变得更强，与股利支付负相关；当控股家族现金流权处于很高水平时，由于过度企业特定风险的存在，使其与股利支付再度正相关。

Wang（2014）研究了控制权和所有权的分离是否影响中国台湾公司盈余分配政策，研究显示：无论公司董事投票权或人数是否用来测度控制权，控制权与所有权分离度较高的公司，相对于股东分红，以员工奖金方式不成比例地支付了大量公司盈余；分离度极高的公司偏向于采取以牺牲少数股东利益为代价的职工薪酬政策，更可能通过控制董事会和支付员工现金奖金方式来掠夺少数股东。

How 等（2008）基于 2005 年中国香港 324 家上市公司样本数据，研究了股利政策与所有权和控制权结构的相关关系，研究发现，公司股利支付倾向和金额随着控制股东所有权与控制权的偏离而下降，中小型家族企业比大型家族企业更显著可能支付股利以及支付更高股利。

2.6.3　研究评述

相关国内外文献主要集中在现金流权、控制权、两权分离度与股利支付可能性和水平关系方面。

现金流权与股利支付水平关系归纳为正相关（朱滔，2009；王毅辉和李常青，2010；李志军和徐寿福，2013）和非线性关系（Huang 等，2012）。现金流权与股利支付可能性正相关（闫华红和魏永红，2010）。控制权与股利支付可能性和水平正相关（王毅辉和李常青，2010）。两权分离度与股利支付可能性和水平关系负相关（How 等，2008；朱滔和王德友，2007；张俭和石本仁，2014；王化成等，2007；闫华红和魏永红，2010）。

第 3 章　理论基础

3.1　产权理论

产权理论分为马克思产权理论和现代西方产权理论。现代西方产权理论以科斯产权理论为代表。

3.1.1　马克思产权理论

马克思在《资本论》中系统剖析了资本主义生产方式、生产关系和作为资本主义生产关系法律表现的财产关系。财产关系是生产关系法律表现。马克思研究了作为资本主义生产关系法律表现的财产关系，研究了财产权（产权）所包含的所有权、占有权、使用权、收益权和处置权的一系列法的权利。马克思产权理论主要内容包括：产权是经济关系意志体现；产权是生产关系法律表现；产权是所有制关系法律表现，所有制是以生产资料归属为核心的经济制度，产权是以财产所有权为核心的法律制度；在资本主义生产关系中存在两种不同性质的产权规律，产权第一规律是劳动者对自己劳动产品拥有产权的规律，产权第二规律是劳动者的劳动产品表现为资本的财产的规律；产权是关于财产的各项法定权利，包含所有权、占有权、使用权、收益权和处置权等一系列权利，其中所有权是产权的核心；产权各项权利可以统一于同一个主体，也可分离于不同主体中，如所有权与经营权可分离于不同主体中；产权分公有产权与私有产权，资本原始积累时期产生化公为私的盗窃和掠夺过程；资本主义生产方式和产权制度具有矛盾性质，从生产力发展促进形态会演变为生产力发展的桎梏，社会主义财产关系和产权制度必将替代资本主义财产关系和产权制度。

关于社会主义财产关系和产权制度内容，马克思在《资本论》第一卷中提出了公有制基础上重建个人所有制的思想。“从资本主义生产方式产生的资本主义占有方式，从而资本主义的私有制，是对个人的、以自己劳动为基础的私有制的第一个否定。但资本主义生产由于自然过程的必然性，造成了对自身的否定。这是否定的否定。这种否定不是重新建立私有制，而是在资本主义时代的成就的基础上，也就是说，在协作和对土地及靠劳动本身生产的生产资料的共同占有的基础上，重新建立个人所有制。”在这段论述中，马克思强调了资本主义资本家私有制是对个人的以自己劳动为基础的私有制的否定，而新的个人所有制是对资本主义私有制的再次否定，不是重新建立私有制，而是在生产资料公有基础上，重新建立个人所有制。但重建个人所有制内涵并未进一步解释。恩格斯在《反杜林论》中阐述了他对马克思重建个人所有制内涵的理解。“公有制包括土地和其他生产资料，个人所有制包括产品即消费品。”可见恩格斯理解的重建个人所有制内涵是生产资料社会所有，消费资料个人所有。

3.1.2　科斯产权理论

科斯产权理论通常被称为科斯定理。科斯 1960 年在《社会成本问题》中举了很多案例，但并未在理论上明确指出什么是科斯定理。张五常认为，产权清晰界定是市场交易的基本前提，即为科斯定理。施蒂格勒根据科斯《社会成本问题》中养牛人和粮农的案例，概括科斯定理为完全竞争条件下的私人成本与社会成本相等，如果存在外部性，通过各方谈判即可实现帕累托最优，而无需政府调节。库特把科斯定理的解释分为三种：自由交换论、交易成本论和完全竞争论。自由交换论认为，只要能自由交换，不同初始产权安排的效率相同。交易成本论认为，只要交易成本为零，不同初始产权安排的效率相同。完全竞争论认为，只要能在完全竞争市场中进行交换，不同初始产权安排的效率相同。

3.2 股权结构理论

3.2.1 股权结构理论

股权结构分为直接股东和间接股东的股权结构。直接股东股权结构包括高度分散型、高度集中型和制衡型三类股权结构。间接股东股权结构指终极控制股东通过股权控制链形成的金字塔股权结构。

（1）高度分散型股权结构

其特点是股权分散，没有哪个股东能够成为控股股东，进而控制公司。Berle 和 Means（1932）在《现代公司与私有产权》中，研究了 20 世纪 30 年代初的 200 家美国最大的上市公司，发现这些公司所有权大部分被众多分散的小股东所拥有，股东如此分散以致没有哪个股东拥有足够股份可以控制公司，公司控制权被内部管理者所掌握，出现了公司所有权与经营权分离现象。

两权分离产生了委托代理问题，即让渡了控制权的股东怎样监督和激励掌握控制权的内部管理者的问题。委托代理的基本思想为：股东是委托人，管理者是代理人，股东委托管理者行使公司经营决策权，实现股东利益最大化，但管理者是理性经济人，其利益与股东不同，具有道德风险和逆向选择的行为倾向，因此关键是建立有效的激励约束机制，诱使管理者为股东利益最大化努力工作。针对公司内部管理者与外部股东间的代理冲突，Jensen 和 Meckling（1976）认为，提高管理者股权比例，可降低代理成本，化解代理冲突，提升公司价值。

（2）高度集中型股权结构

其特点是存在一个控股的大股东和众多小股东。LaPorta 等（1999）研究发现，当前股权结构普遍情况并不是 Berle 和 Means（1932）所说的那样股权分散，而是大股东持股。公司治理焦点也从第一类委托代理问题转向第二类委托代理问题，即关注点从股东与经理代理冲突转到大股东和小股东之间代理冲突上。

Demsetz 和 Lehn（1985）认为，股权结构是公司追求利润最大化过程的内在结果，即最终股权结构是使公司组织实现竞争性均衡的内在选择结果。最优股权结构是使公司价值最大化的股东股权比例，是股权分散和集中的权衡结果，重点研究大、小股东的股权比例。最优股权结构是大股东监督与风险承担之间的权衡产物（Admati 等，1994）。大股东在市场中如能很容易将其股票脱手，有大股东的股权结构则是不稳定的，因为作为监督人的大股东如能很容易脱离公司的话，很难有积极性对经理进行持续监督。另一方面，市场流动性也有利于大股东积聚股票，形成股权的集中。

（3）制衡型股权结构

其特点是存在多个大股东，相互制衡，共同分享公司控制权。最优股权结构是多个大股东博弈均衡的结果。股权制衡是由多种影响因素相权衡形成的。权衡因素主要包括：代理和监督成本、协调和合谋形成效应。

Pagano 和 Rell（1998）分析了企业初始股东是否上市的决策问题，权衡了代理成本和监督成本，探讨了决定股权制衡的因素。公司初始股东既存在资金筹集需求，又担心控制权受限。所以，初始股东上市筹资时，既要考虑未来市值，又要考虑未来其作为管理者的控制权私有收益。外部股东股权集中虽有助于降低代理成本，但也可能监督过度。初始股东在决定如何分散控制权时，需要权衡代理成本和监督成本。作者认为，为避免外部股东监督过度，初始股东可与分享控制权的外部股东共享利益，一起掠夺其他小股东。

Bennedsen 和 Wolfenzon（2000）认为，非公开上市公司制衡的股权结构由协调效应与合谋形成效应决定，是初始股东在多个大股东间进行权力平衡的结果，以避免某个大股东采取单方面行动而导致其他股东利益受损。协调效应是指几个大股东形成的合谋集团股权增加可内部化联盟成本，降低控制权私有收益，增加企业价值。合谋形成效应是指股权合谋集团导致控制股东所需股份下降，少数股权即可实现对企业的控制。

（4）金字塔股权结构

金字塔股权结构指终极控制股东为了实现对目标公司的控制，通过间接持股方式形成的金字塔式股权控制链，实际上是多层级、多链条的集团控制结构。金字塔股权结构通过多个股权控制链条，可实现融资与控制功能。融资方面，具有资本放大功能，终极控制股东有多条股权控制链时，可实现少量资本控制更多资本的效果。控制功能方面，如果存在多条控制链，且每条链都存在控制权与所有权分离，终极控制股东就可以以较少资本有效控制整个集团。金字塔股权结构要素包括顶点、层级、现金流权、控制权和两权分离度。顶点指金字塔股权结构处于顶端的终极控制股东。层级指顶点到目标公司间股权控制链条所包含的控股层次数，至少两层。现金流权，如果一条控制链，则等于控制链中各层现金流权比例乘积，如果多条控制链，则等于各条控制链中各层现金流权比例乘积之和。控制权，如果一条控制链，等于控制链中各层现金流权比例的最小值，如果多条控制链，则等于各条控制链中各层现金流权比例的最小值之和。两权分离度等于控制权与现金流权之差。

3.2.2 股权稳定性理论

李维安（1994）基于股票支配和交易职能，提出支配股票和收益股票概念。支配股票谋求公司长期收益，不会因股票价差和短期股利脱手，是稳定股票。收益股票谋求公司短期收益，会因为股票价差和公司股利而快速易手，是不稳定股票。所以股权具有二重性：支配性（稳定性）和投机性（不稳定性）。法人股东中企业法人投资者比机构法人投资者更具稳定性，银行、保险公司股权和职工股权具有稳定性。公司股权稳定性对股市稳定性的影响机制为：股权稳定化→浮动股票减少→股价单向上涨→股市稳定化→股市过度稳定化→个人投资者退出→股价过度上涨→股市泡沫形成→

股市泡沫破灭→浮动股票增加→股权稳定化。稳定股权买入引起股价上涨，卖出往往不会导致股价下跌，且稳定股权性质不变。这种现象的原因是稳定股东之间交叉持股，稳定股权交易在集团内部，与市场供求关系隔绝。公司稳定股权比例过高以致影响股权正常流动的股权结构是过度稳定股权结构。我国国有企业股份制过渡表现为：绝对稳定、过度稳定、适度稳定。国有企业股权结构由过度稳定向适度稳定过渡的主要办法为：国有股权存量和增量分散化并举，引入“最佳持股比例”制度；国有股权监管层、运营层和直接经营层的内部构造，特别是运营层应合理设计，运营层主体控股公司包括单纯控股公司、企业型控股公司和事业型控股公司；短期灵活的本企业股与长期稳定的法人股之间交叉持股；国有股可流通以及 A 股与 B 股并轨。

李维安（1994）专门研究了稳定国有股权构建问题。股份制企业所有权有三种分离：小股东将资本支配权（投票权）让渡给了具有控股权的大股东；股东将资本支配权让渡给经理层；经理层将资本支配权让渡给一些金融机构。国有股权在支配所有权方面不缺位，甚至越位，在收益所有权方面缺位，经营层在支配所有权方面缺位。国有股权应弱化支配所有权以正位，强化收益所有权以补位，经营层应强化支配所有权，以此实现国有资产运营效率。国有股权具有组合功能、主导功能和稳定功能。组合功能指国有股权与非国有股权可自由组合与分离；主导功能指国有股权在企业股权结构中具有主导地位；稳定功能指国有股权在经济活动宏观调控中具有稳定功能。稳定国有股权构建思路为：存量与增量分散化并举；过剩国有股权分散化结构包括国有绝对控股和国有相对控股，内外资股结构引入最优持股比例制度；国有股权内部构造分三个层次：国有股权监管层、运营层和直接经营层；实现国有股权可流通和坚持国有股权配股配息权利。

李维安（1996）分析了社会个人股权的稳定问题。个人股东特征包括：追求收益和多样性的投资偏好。职工股东具有稳定性，而社会个人股东具有不稳定性。社会个人股东分为大股东和中小股东。大股东稳定性弱于企业法人等股东，但与中小股东比，仍是稳定股东工作对象。中小股东利益往往被忽视，其持股目的不是取得支配所有权，而是收益所有权，是为了获取股利、配股权和股票价差带来的收益，所以其股权缺少稳定性。以获取股利为目的的个人股东为个人投资股东，以获取股票买卖价差为目的的个人股东为个人投机股东，个人投资股东稳定性强于个人投机股东。个人股东稳定性存在弱化倾向，与个人股东后退，即数量减少趋势有关，不仅指绝对持股数减少，主要指个人股东持股比例减少趋势。个人股东后退有绝对和相对两种形式，可表现为三种组合：相对后退与绝对扩大、相对后退与绝对后退、相对扩大与绝对扩大。个人股东后退主要原因是法人股与个人股的组合结构。法人股增加源于股东和股市的稳定化，稳定的法人股增加迫使不稳定个人股减少，另一方面，中小个人股东利益被忽视，也导致以收益获取为目的的个人股的退出。由股东稳定性产生的股息低下以及中小个人股东利益被忽视主要导致个人投资股东退出，使得市场上的社会个人股东主要是个人投机股东，其投机性强而稳定性差。通过保护中小股东利益、适当提高股息水平来吸引社会个人投资股东入市。

3.2.3 混合所有制股权结构稳定性理论

混合所有制是我国企业股权结构稳定的有效实现形式。混合所有制理论可从马克思主义经济学和西方经济学两个角度进行推演。

从西方经济学角度看，混合所有制理论可从私有经济制度中衍生出来。一个私有经济制度的形式化描述为（$\{Q_i, >_i\}|_{i=1}^{m}$，$Y_h|_{h=1}^{N}$，$\{x_i^0,\ \theta_{ih}\}|_{i=1}^{m}$），$Q_i$为消费集，$Y_h$为生产集，$x_i^0$为消费者初始资源禀赋，$\theta_{ih}$为第$i$个消费者从第$h$个厂商获得的收益分配比例。经济制度可在上述私有经济制度定义基础上进行衍生分类。一个经济制度（$\{Q_i, >_i\}|_{i=1}^{m}$，$Y_h|_{h=1}^{N}$，$\{x_i^0,\ \theta_{ih}\}|_{i=1}^{m}$）中，如果$x_i^0$全部为私有财产，则为私有经济制度；如果$x_i^0$全部为公有财产，则为公有经济制度；如果$x_i^0$一部分为私有财产，另一部分为公有财产，则为混合经济制度。混合经济制度又可分三大类：公有制为主，私有制为辅；公有制与私有制势均力敌；私有制为主，公有制为辅。

从马克思主义经济学角度出发，混合所有制原理可从马克思《资本论》中剩余价值理论为起点进行逻辑推演。

（1）《资本论》中剩余价值理论形式化描述

形式化描述包括微观、中观和宏观三个层次。

① 微观层次。对应企业层面的商品价值构成和资本增值过程。

第一，剩余价值公式。马克思劳动价值论认为：商品具有二重性，即价值和使用价值。使用价值是商品的自然属性，价值是商品的社会属性。生产商品的劳动可分为具体劳动和抽象劳动。具体劳动形成商品的使用价值，抽象劳动形成商品价值。商品价值量由凝结在商品上的一般人类劳动形成，即由社会必要劳动时间决定。劳动创造了全部价值。价值公式为：$C+V+M$。商品价值构成包括三部分：C、V 和 M。C 是不变资本、转移的生产资料价值；V 是可变资本、活劳动、工人的必要劳动，是补偿劳动者及其家属生存所需生活资料的价值；M 是劳动者剩余劳动所创造的被资本家无偿占有的价值，即剩余价值。

第二，简单再生产。本期生产所需的资本投入量与上期的资本投入量相等，总价值量与上期相等。即上期的剩余价值 M 全部被资本家消费掉，而没有留一部分继续增加本期的生产投入，本期的 $C+V+M$ 等于上期的 $C+V+M$。

第三，扩大再生产。上期的剩余价值一部分被资本家消费掉，剩余部分继续作为本期生产投入，使本期生产投入增加了，进而使剩余价值量也增加了，实现了扩大再生产，表示为 $C+\Delta C+V+\Delta V+M+\Delta M$

② 中观层次。分两大部类Ⅰ和Ⅱ，Ⅰ是生产生产资料的部类，Ⅱ是生产消费资料的部类。

第一，简单再生产。分两个部类表示如下：

$\mathrm{I}(C+V+M)=\mathrm{I}\,C+\mathrm{I}(V+M)$

$\mathrm{II}(C+V+M)=\mathrm{II}\,C+\mathrm{II}(V+M)$

第二，扩大再生产。分两个部类表示如下：

$$\text{I}(C+\Delta C+V+\Delta V+M+\Delta M)=\text{I}(C+\Delta C)+\text{I}(V+\Delta V+M+\Delta M)$$

$$\text{II}(C+\Delta C+V+\Delta V+M+\Delta M)=\text{II}(C+\Delta C)+\text{II}(V+\Delta V+M+\Delta M)$$

③ 宏观层次。对应社会总生产。

第一，简单再生产。表示如下：

$$\text{I}(C+V+M)+\text{II}(C+V+M)=\text{I}\ C+\text{I}(V+M)+\text{II}\ C+\text{II}(V+M)=\text{I}\ C+\text{II}\ C+\text{I}(V+M)+\text{II}(V+M)$$

第二，扩大再生产。表示如下：

$$\text{I}(C+\Delta C+V+\Delta V+M+\Delta M)+\text{II}(C+\Delta C+V+\Delta V+M+\Delta M)=\text{I}(C+\Delta C)+\text{I}(V+\Delta V+M+\Delta M)+\text{II}(C+\Delta C)+\text{II}(V+\Delta V+M+\Delta M)=\text{I}(C+\Delta C)+\text{II}(C+\Delta C)+\text{I}(V+\Delta V+M+\Delta M)+\text{II}(V+\Delta V+M+\Delta M)$$

第三，两大部类间交换。简单再生产条件下，两大部类交换条件为 $\text{I}(V+M)=\text{II}\ C$；扩大再生产条件下，两大部类交换条件为 $\text{I}(V+\Delta V+M+\Delta M)=\text{II}(C+\Delta C)$。

（2）私有制生产方式与公有制生产方式剩余价值公式

①私有制生产方式。剩余价值公式为 $C+V+M$，三部分构成含义同前述。

②公有制生产方式。剩余价值公式为 $C+V+M$，三部分构成含义与前述不完全相同。C 和 V 的含义与前述相同，但 M 的含义却与前述完全不同，它不再是被资本家完全占有的剩余价值，而是被整个社会共同占有的公共剩余价值，姑且将其变形为 G。公有制生产方式下剩余价值公式可表示为 $C+V+G$。

③公有制生产方式与私有制生产方式比较。劳动者所得在公有制生产方式下应比私有制生产方式下更多，更多的部分应是 G_i，即除劳动工资外，从社会共同占有的公共劳动成果 G 中分得的一部分。G_i 的数量多少可体现公有制对私有制生产方式的比较优势。

公有制条件下 G_i 如何分配成为关键。由于 G 是公共剩余价值，具有公共物品特性，即无竞争、非排他性，它的分配不外乎两个途径：政府宏观调控和企业微观分配。政府宏观调控指政府根据公共财政需要行政干预进行公共剩余价值配置。企业微观分配指在上缴公共财政、进行必要生产积累准备后，对剩余的企业公共剩余价值进行的再分配，公有制条件下微观分配实践表明主要是平均分配，即大锅饭式分配。行政干预分配范围包括：国防、公共安全、政府必要运行开支、社会保障和民生支出等。由此可见，G_i 包括两部分：企业微观初次分配和公共财政再次分配中社会保障和民生支出中落实到劳动者个人的部分。G_i 比较优势要求落实到劳动者个人的初次分配与再次分配部分之和明显大于零，且具有可持续性。再次分配要求公共财政支出合理，能代表公众利益。关键是初次分配的大锅饭式分配具有不可持续性，客观上造成不劳动者侵占少劳动者和多劳动者劳动价值，少劳动者侵占多劳动者劳动价值，最终多劳动者丧失劳动积极性。劳动者公共剩余价值勤惰博弈分析如表 3.1 所示。

表 3.1　劳动者公共剩余价值勤惰博弈分析

		B	
		勤奋	懒惰
A	勤奋	（$G/2-g_1$，$G/2-g_2$）	（$G/2-g_1$，$G/2$）
	懒惰	（$G/2$，$G/2-g_2$）	（$G/2$，$G/2$）

表中，假定只有两个劳动者 A 和 B，G 是公共剩余价值，g_1 和 g_2 分别是 A 和 B 勤奋工作付出的努力成本，$G/2$ 代表平均分配公共剩余价值。由上述博弈支付矩阵可见，大锅饭式分配必然使劳动者丧失勤奋工作动力，反而追求懒惰方式。

可见公有制生产方式要具有可持续性，必须在分配方式上打破平均分配模式，体现多劳多得，少劳少得，不劳不得原则，激发劳动者生产积极性，提高生产效率，优化国有资本配置，提高运营效率，使公有制生产方式具有活力。

（3）所有制稳定性分析

单一公有制特点是过度稳定，表现为力量集中、公平，但僵化、低效和市场信号不敏感。单一私有制特点是过度不稳定，表现为灵活、高效和市场信号敏感，但力量分散、不公平和市场信号反应过度。为了保持社会的可持续发展性，单一公有制社会和单一私有制社会均在进行调整，调整目标是具有可持续发展特点的适度稳定型所有制结构。过度稳定的单一公有制向适度稳定的所有制结构调整；过度不稳定的单一私有制向适度稳定的所有制结构调整。所有制结构指公私所有制结合的所有制构造。过度稳定的单一公有制调节到适度稳定的以公有制为主体的，公有制与私有制融合的混合所有制结构。该混合所有制既保持了单一公有制的稳定、力量集中和公平优势，又将单一公有制的僵化、低效和市场信号不敏感劣势被私有制的灵活、高效和市场信号敏感优势所调节。同理，过度不稳定的单一私有制向适度稳定的以私有制为主体，私有制与公有制融合的混合所有制结构调整。该混合所有制既保持了私有制的灵活、高效和市场信号敏感优势，又将其力量分散、不公平和市场信号反应过度劣势变为公有制的稳定、力量集中和公平优势所调节。

我国是社会主义国家，应坚持以公有制为主体，公有制与私有制融合的混合所有制，以激发包括管理者在内的所有劳动者的劳动积极性和创造性，解放和发展生产力。

（4）公有制经济考虑效率因素

公有制条件下，考虑效率因素的资本增值公式的形式化表达如下：

$$C+V+G \rightarrow \sum_{i=1}^{n-1} w_i \cdot x_i + w \cdot L + \sum_{i=1}^{n-1} \mathrm{MP}_{x_i} \cdot x_i + \mathrm{MP}_L \cdot L \quad (3.1)$$

此处，$C=\sum_{i=1}^{n-1} w_i \cdot x_i$，$V=w \cdot L$，$G=\sum_{i=1}^{n-1} \mathrm{MP}_{x_i} \cdot x_i + \mathrm{MP}_L \cdot L$，$x_i$ 为劳动以外的生产要素数量，w_i 为 x_i 的价格，L 为劳动量，w 为劳动力价格，MP_{x_i}为生产要素 x_i 的边际贡献，MP_L 为劳动要素边际贡献。

（5）私有制资本增值公式

其形式化表达如下：

$$C+V+M \rightarrow \sum_{i=1}^{n-1} w_i \cdot x_i + w \cdot L + \sum_{i=1}^{n-1} \mathrm{MP}_{x_i} \cdot x_i + \mathrm{MP}_L \cdot L \quad (3.2)$$

此处，$C=\sum_{i=1}^{n-1} w_i \cdot x_i$，$V=w \cdot L$，$M=\sum_{i=1}^{n-1} \mathrm{MP}_{x_i} \cdot x_i + \mathrm{MP}_L \cdot L$，$x_i$ 为劳动以

外的生产要素数量，w_i 为 x_i 的价格，L 为劳动量，w 为劳动力价格，MP_{x_i} 为生产要素 x_i 的边际贡献，MP_L 为劳动要素 L 边际贡献。

（6）混合所有制资本增值公式

其公式是将考虑效率因素的公有制和私有制价值增值公式相加，即 $C+V+G$ 与 $C+V+M$ 相加。为便于分区，将考虑效率因素的公有制资本增值公式和私有制价值增值公式重新分别表述为 C_1+V_1+G 和 C_2+V_2+M。混合所有制资本增值公式具体描述如下：

$$\begin{aligned}&(C_1+V_1+G)+(C_2+V_2+M)=\\&\left(\sum_{i=1}^{n-1} w_i\cdot x_{1i}+w\cdot L_1+\sum_{i=1}^{n-1} MP_{x_{1i}}\cdot x_{1i}+MP_{L1}\cdot L_1\right)+\\&\left(\sum_{i=1}^{n-1} w_i\cdot x_{2i}+w\cdot L_2+\sum_{i=1}^{n-1} MP_{x_{2i}}\cdot x_{2i}+MP_{L_2}\cdot L_2\right)\\&=\sum_{i=1}^{n-1} w_i\cdot(x_{1i}+x_{2i})+w\cdot(L_1+L_2)+\\&\sum_{i=1}^{n-1} MP_{(x_{1i}+x_{2i})}\cdot(x_{1i}+x_{2i})+MP_{(L_1+L_2)}\cdot(L_1+L_2)\end{aligned} \tag{3.3}$$

混合所有制下总资本为 $(C_1+V_1)+(C_2+V_2)$，即 $(C_1+C_2)+(V_1+V_2)$。国有资本占比为：

$$\frac{C_1+V_1}{(C_1+C_2)+(V_1+V_2)}=\frac{\sum_{i=1}^{n-1} w_i\cdot x_{1i}+w\cdot L_1}{\sum_{i=1}^{n-1} w_i\cdot(x_{1i}+x_{2i})+w\cdot(L_1+L_2)} \tag{3.4}$$

非国有资本占比为

$$\frac{C_2+V_2}{(C_1+C_2)+(V_1+V_2)}=\frac{\sum_{i=1}^{n-1} w_i\cdot x_{2i}+w\cdot L_2}{\sum_{i=1}^{n-1} w_i\cdot(x_{1i}+x_{2i})+w\cdot(L_1+L_2)} \tag{3.5}$$

以公有制为主体，公有制和私有制融合的混合所有制，总体上要求国有资本在国民经济中占主体地位，具有实际控制力。以私有制为主体，私有制和公有制融合的混合所有制，总体上要求私有经济在国民经济中占主体地位，具有实际控制力。

（7）混合所有制生产方式优越性

前文所述生产方式优越性必须体现在劳动者能得到工资以外的公共剩余价值 G_i。实现方式正常只有两个途径：一是初次分配中，劳动者得到按劳动要素贡献应得的公共剩余价值；另一个是再次分配中，公共财政用于保障和改善民生支出中分配到个人的部分。初次分配中得到公共剩余价值的最佳方式是让职工在混合所有制条件下以公允方式对企业适度持股。

①职工持股。依上所述，非国有资本中须包括职工按公允方式适度持有的资本。职工普遍持股不仅可提高劳动者生产积极性、创造性和企业凝聚力，还可增强股权制衡力量，优化公司治理结构。

②管理层持股。管理人员从广义上说，属员工范畴，但管理层在企业资本投资运营过程中发挥着特殊重要作用。可把管理层持股单独从员工持股中分离出来。管理层应适度持有公司资本。

③机构投资者持股。无论是国有控股还是民营控股，均须在股权结构中安排股权制衡力量，而机构投资者则可起到这种作用。

（8）混合所有制资本结构

混合所有制资本结构包括国有股权、职工股权、管理层股权、机构投资者股权和其他非国有股权。国有股权比例为 a_1，职工股权比例为 a_2，管理层股权比例为 a_3，机构投资者股权比例为 a_4，其他非国有股权比例为 a_5，则 $a_1+a_3+a_3+a_4+a_5=1$。关键要确立最优资本结构，即最优国有股权比例 a_1，最优职工股权比例 a_2，最优管理层股权比例 a_3，最优机构投资者股权比例 a_4，最优其他非国有股权比例 a_5。

（9）员工和管理者成为资本所有者资本增值公式

①员工和管理者成为资本所有者

可将前述混合所有制资本增值公式（C_1+V_1+G）+（C_2+V_2+M），再细化如下：

$$(C_1+V_1+G)+\sum_{h=2}^{5}(C_h+V_h+M_h) \tag{3.6}$$

其中：C_1+V_1+G 为国有股权部分价值增值公式；$C_2+V_2+M_2$ 为员工持股部分价值增值公式；$C_3+V_3+M_3$ 为管理者持股部分价值增值公式；$C_4+V_4+M_4$ 为机构投资者持股部分价值增值公式；$C_5+V_5+M_5$ 为其他非国有股权部分价值增值公式。

$$\begin{aligned}
&(C_1+V_1+G)+\sum_{h=2}^{5}(C_h+V_h+M_h)\\
&=\left(\sum_{i=1}^{n-1}w_i\cdot x_{1i}+w\cdot L_1+\sum_{i=1}^{n-1}\mathrm{MP}_{x_{1i}}\cdot x_{1i}+\mathrm{MP}_{L_1}\cdot L_1\right)+\\
&\sum_{h=2}^{5}\left(\sum_{i=1}^{n-1}w_i\cdot x_{hi}+w\cdot L_h+\sum_{i=1}^{n-1}\mathrm{MP}_{x_{hi}}\cdot x_{hi}+\mathrm{MP}_{Lh}\cdot L_h\right)\\
&=\sum_{i=1}^{n-1}w_i\cdot\left(x_{1i}+\sum_{h=2}^{5}x_{hi}\right)+w\cdot\left(L_1+\sum_{h=2}^{5}L_h\right)+\\
&\sum_{i=1}^{n-1}MP_{\left(x_{1i}+\sum_{h=2}^{5}x_{hi}\right)}\cdot\left(x_{1i}+\sum_{h=2}^{5}x_{hi}\right)+\mathrm{MP}_{\left(L_1+\sum_{h=2}^{5}L_h\right)}\cdot\left(L_1+\sum_{h=2}^{5}L_h\right)
\end{aligned} \tag{3.7}$$

混合所有制下总资本为$\sum_{h=1}^{5}(C_h+V_h)$，即$\sum_{h=1}^{5}C_h+\sum_{h=1}^{5}V_h$。

国有资本占比为$\dfrac{C_1+V_1}{\sum_{h=1}^{5}C_h+\sum_{h=1}^{5}V_h}=\dfrac{\sum_{i=1}^{n-1}w_i\cdot x_{1i}+w\cdot L_1}{\sum_{i=1}^{n-1}w_i\cdot\left(x_{1i}+\sum_{h=2}^{5}x_{hi}\right)+w\cdot\left(L_1+\sum_{h=2}^{5}L_h\right)}$

员工持股资本占比为$\dfrac{C_2+V_2}{\sum_{h=1}^{5}C_h+\sum_{h=1}^{5}V_h}=\dfrac{\sum_{i=1}^{n-1}w_i\cdot x_{2i}+w\cdot L_2}{\sum_{i=1}^{n-1}w_i\cdot\left(x_{1i}+\sum_{h=2}^{5}x_{hi}\right)+w\cdot\left(L_1+\sum_{h=2}^{5}L_h\right)}$

管理层持股资本占比为$\dfrac{C_3+V_3}{\sum_{h=1}^{5}C_h+\sum_{h=1}^{5}V_h}=\dfrac{\sum_{i=1}^{n-1}w_i\cdot x_{3i}+w\cdot L_3}{\sum_{i=1}^{n-1}w_i\cdot\left(x_{1i}+\sum_{h=2}^{5}x_{hi}\right)+w\cdot\left(L_1+\sum_{h=2}^{5}L_h\right)}$

②员工和管理者既是资本所有者又是劳动者将劳动分为员工劳动和管

理者劳动。此时混合所有制资本增值公式变化如下，

$$
\begin{aligned}
&(C_1+V_1+G)+\sum_{h=2}^{5}(C_h+V_h+M_h)\\
&=\left(\sum_{i=1}^{n-1} w_i \cdot x_{1i}+w \cdot \sum_{j=1}^{2} L_{1j}+\sum_{i=1}^{n-1} \mathrm{MP}_{x_{1i}} \cdot x_{1i}+\mathrm{MP}_{\sum_{j=1}^{2} L_{1j}} \cdot \sum_{j=1}^{2} L_{1j}\right)+\\
&\sum_{h=2}^{5}\left(\sum_{i=1}^{n-1} w_i \cdot x_{hi}+w \cdot \sum_{j=1}^{2} L_{hj}+\sum_{i=1}^{n-1} \mathrm{MP}_{x_{h_i}} \cdot x_{h_i}+\mathrm{MP}_{\sum_{j=1}^{2} L_{hj}} \cdot \sum_{j=1}^{2} L_{hj}\right) \qquad (3.8)\\
&=\sum_{i=1}^{n-1} w_i \cdot\left(x_{1i}+\sum_{h=2}^{5} x_{hi}\right)+w \cdot\left(\sum_{j=1}^{2} L_{1j}+\sum_{h=2}^{5}\sum_{j=1}^{2} L_{hj}\right)+\\
&\sum_{i=1}^{n-1} \mathrm{MP}_{\left(x_{1i}+\sum_{h=2}^{5} x_{hi}\right)} \cdot\left(x_{1i}+\sum_{h=2}^{5} x_{hi}\right)+\mathrm{MP}_{\left(\sum_{j=1}^{2} L_{1j}+\sum_{h=2}^{5}\sum_{j=1}^{2} L_{hj}\right)} \cdot\left(\sum_{j=1}^{2} L_{1j}+\sum_{h=2}^{5}\sum_{j=1}^{2} L_{hj}\right)
\end{aligned}
$$

混合所有制下总资本为$\sum_{h=1}^{5}(C_h+V_h)$，即$\sum_{h=1}^{5} C_h+\sum_{h=1}^{5} V_h$。

国有资本占比为$\dfrac{C_1+V_1}{\sum_{h=1}^{5} C_h+\sum_{h=1}^{5} V_h}=\dfrac{\sum_{i=1}^{n-1} w_i \cdot x_{1i}+w \cdot \sum_{j=1}^{2} L_{1j}}{\sum_{i=1}^{n-1} w_i+\left(x_{1i}+\sum_{h=2}^{5} x_{hi}\right)+w \cdot\left(\sum_{j=1}^{2} L_{1j}+\sum_{h=2}^{5}\sum_{j=1}^{2} L_{hj}\right)}$

员工持股资本占比为$\dfrac{C_2+V_2}{\sum_{h=1}^{5} C_h+\sum_{h=1}^{5} V_h}=\dfrac{\sum_{i=1}^{n-1} w_i \cdot x_{2i}+w \cdot \sum_{j=1}^{2} L_{2j}}{\sum_{i=1}^{n-1} w_i \cdot\left(x_{1i}+\sum_{h=2}^{5} x_{hi}\right)+w \cdot\left(\sum_{j=1}^{2} L_{1j}+\sum_{h=2}^{5}\sum_{j=1}^{2} L_{hj}\right)}$

管理层持股资本占比为$\dfrac{C_3+V_3}{\sum_{h=1}^{5} C_h+\sum_{h=1}^{5} V_h}=\dfrac{\sum_{i=1}^{n-1} w_i \cdot x_{3i}+w \cdot \sum_{j=1}^{2} L_{3j}}{\sum_{i=1}^{n-1} w_i \cdot\left(x_{1i}+\sum_{h=2}^{5} x_{hi}\right)+w \cdot\left(\sum_{j=1}^{2} L_{1j}+\sum_{h=2}^{5}\sum_{j=1}^{2} L_{hj}\right)}$

L_{hj}的含义：L_{11}为国有股权承担的员工劳动成本；L_{12}为国有股权承担的管理者劳动成本；L_{21}为员工股权承担的员工劳动成本；L_{22}为员工股权承担的管理者劳动成本；L_{31}为管理层股权承担的员工劳动成本；L_{32}为管理层股权承担的管理者劳动成本；L_{41}为机构投资者股权承担的员工劳动成本；L_{42}为机构投资者股权承担的管理者劳动成本；L_{51}为其他非国有股权

承担的员工劳动成本；L_{52}为其他非国有股权承担的管理者劳动成本。

（10）股权结构稳定性分析

股份制是由国有股、法人股和个人股组成的财产组织制度。国有股权特点是稳定，表现为力量集中、公平，但僵化、低效和价格不敏感。个人股权特点是不稳定，表现为灵活、高效和价格敏感，但力量分散、价格信号反应过度。集中度过高的国有股权表现为过度稳定，为了保持股份制企业的稳定发展，过度稳定的国有股权和不稳定的个人股权均需要调整，调整目标是具有可持续发展特点的稳定股份制结构。过度稳定的国有股权向适度稳定的国有股权调整；不稳定的个人股权向适度稳定的个人股权调整。股份制结构是由国有股、法人股和个人股混合而成。适度稳定的国有股权意味着集中度过高的国有股权比例需要下调到适度位置。适度稳定的个人股权意味着需要增加员工持股比例，以及管理层持股比例到合适位置。稳定股权结构还要求机构投资者适度持股。稳定股份制既保持了国有股权的稳定、力量集中和公平优势，又将其僵化、低效和市场信号不敏感劣势被个人股权的灵活、高效和市场信号敏感优势所调节。

混合所有制有助于形成适度稳定所有制结构；公有资本运行应在市场条件下引入效率机制；公私资本混合有助于引入效率机制，优势互补，提高包括国有资本在内的混合资本配置效率和效果；员工持股使劳动者依劳动要素贡献参与利润分配，有利于调动劳动者积极性，稳定股权结构。总之，混合所有制是我国企业股权结构稳定的有效实现形式。

3.3 委托代理理论

法律上的委托代理关系是指甲授权乙代表甲从事某种行为而形成的关系，甲为委托人，乙为代理人。经济上的委托代理泛指涉及非对称信息的交易，委托人不占有信息优势，而代理人具有信息优势，委托人为代理人的行动承担风险。

3.3.1 基本分析框架

委托代理模型基本分析框架包括目标、对称信息下最优合同和不对称信息下最优合同。

（1）目标

经济上的委托代理关系实质是委托人让渡一部分利润给代理人，诱使代理人为委托人努力工作，实现委托人的效用最大化。一般分析中，委托代理关系目标模型可表示如下：

$$\max_{\alpha, s(\pi)} \int v[\pi - s(\pi)] f(\pi, \alpha) \mathrm{d}\pi$$

$$\text{s.t.}\ (IR)\ \int u[s(\pi)] f(\pi, \alpha) \mathrm{d}\pi - c(\alpha) \geqslant \bar{u} \tag{3.9}$$

$$(IC)\ \int u[s(\pi)] f(\pi, \alpha) \mathrm{d}\pi - c(\alpha) \geqslant$$

$$\int u[s(\pi)] f(\pi, \alpha') \mathrm{d}\pi - c(\alpha'),\ \forall \alpha' \in A$$

其中，$\int v[\pi - s(\pi)] f(\pi, \alpha) \mathrm{d}\pi$，是委托人的期望效用，等于扣除代理人为其努力工作后得到的报酬 $s(\pi)$ 之后的剩余利润 $\pi - s(\pi)$ 的效用函数 $v[\pi - s(\pi)]$ 的期望值，$\int u[s(\pi)] f(\pi, \alpha) \mathrm{d}\pi - c(\alpha) \geqslant \bar{u}$ 是代理人约束，即代理人接受合同的期望效用要不小于不接受合同时能得到最大期望效用，IC 公式是代理人激励相容约束，代理人采取委托人预期行动得到的期望效用不小于采取其他行动得到的期望效用，以此激励代理人按委托人预期采取行动。

（2）对称信息下最优合同

所谓对称信息指委托人可观测到代理人行动，可根据代理人行动进行奖惩，目标模型中的激励相容约束是多余的，目标模型变成如下模式：

$$\max_{\alpha, s(\pi)} \int v[\pi - s(\pi)] f(\pi, \alpha) \mathrm{d}\pi$$

$$\text{s.t.}\ (IR)\ \int u[s(\pi)] f(\pi, \alpha) \mathrm{d}\pi - c(\alpha) \geqslant \bar{u} \tag{3.10}$$

分析框架为委托人设计行动 α，代理人完成 α，可得到相应合同报酬，若采取其他行动，则得到的报酬要少于合同报酬。

构造拉氏函数如下，

$$L[s(\pi)]=\int v[\pi-s(\pi)]f(\pi,\alpha)\mathrm{d}\pi+\lambda\left\{\int u[s(\pi)]f(\pi,\alpha)\mathrm{d}\pi-c(\alpha)-\bar{u}\right\} \tag{3.11}$$

一阶条件为，

$$-v'[\pi-s(\pi)]+\lambda u'[s(\pi)]=0 \tag{3.12}$$

即 $\dfrac{v'[\pi-s(\pi)]}{u'[s(\pi)]}=\lambda$，这说明委托人和代理人的边际效用之比等于一个常数，与收益 π 无关。假设有两个收益 π_1 和 π_2，可得 $\dfrac{v'[\pi_1-s(\pi_1)]}{v'[\pi_2-s(\pi_2)]}=\dfrac{u'[s(\pi_1)]}{u'[s(\pi_2)]}$，即委托人和代理人边际替代率相等，这是帕累托最优条件。

对式（3.12）中 π 求导得，

$$-v''\left[1-\frac{\mathrm{d}s}{\mathrm{d}\pi}\right]+\lambda u''\frac{\mathrm{d}s}{\mathrm{d}\pi}=0 \tag{3.13}$$

将 $\dfrac{v'}{u'}=\lambda$ 带入得，

$$\frac{\mathrm{d}s}{\mathrm{d}\pi}=\frac{\rho_p}{\rho_p+\rho_a} \tag{3.14}$$

其中，$\rho_p=-\dfrac{v''}{v'}$，是委托人绝对风险规避系数，$\rho_a=-\dfrac{u''}{u'}$，是代理人绝对风险规避系数。如果委托代理两方均具有不变的绝对风险规避程度，则最优合同是线性的，对式（3.14）积分可得，

$$s(\pi)=\alpha+\beta\pi \tag{3.15}$$

其中，β 为 $\dfrac{\rho_p}{\rho_p+\rho_a}$，可见此时代理人报酬与收益 π 呈线性关系。

（3）不对称信息下最优合同

所谓不对称信息指委托人不能观测到代理人行动，只可观测到收益水

平 π。此条件下，委托人无法采取强制合同，只能通过激励合同 $s(\pi)$ 诱使代理人采取委托人期望的行动。

最优化问题表示如下：

$$\max_{s(\pi)}\int v[\pi-s(\pi)]f_H(\pi)\,d\pi$$

$$\text{s.t.}\ (\text{IR})\int u[s(\pi)]f_H(\pi)\,d\pi-c(H)\geqslant\bar{u} \tag{3.16}$$

$$(\text{IC})\int u[s(\pi)]f_H(\pi)\,d\pi-c(H)\geqslant$$

$$\int u[s(\pi)]f_L(\pi)\,d\pi-c(L)$$

其中，f_H 为代理人勤奋获取报酬的概率密度，f_L 为代理偷懒获取报酬的概率密度，$c(H)$ 为代理人勤奋工作成本，$c(L)$ 为代理人偷懒工作成本，IC 激励相容约束指代理人勤奋工作获得的期望报酬要不低于偷懒工作获取的期望报酬，以此激励代理人勤奋工作。

对式（3.17）构造拉氏函数后，一阶条件分析得，

$$-v'f_H+\lambda u'f_H+\mu u'f_H-\mu u'f_L=0 \tag{3.17}$$

整理后得

$$\frac{v'}{u'}=\lambda+\mu\left(1-\frac{f_L}{f_H}\right) \tag{3.18}$$

式（3.18）是“莫里斯－霍姆斯特姆条件”，当 μ 为零时，即可得帕累托最优条件。在非对称信息条件下代理人报酬随似然率 f_L/f_H 变动而变动，比信息对称条件下波动更大。设 γ 为委托人认为代理人选择勤奋工作的先验概率，$\overline{\gamma}(\pi)$ 为委托人观测到 π 认为代理人选择勤奋工作的后验概率，根据贝叶斯法则可得，$\overline{\gamma}(\pi)=\dfrac{f_H\gamma}{f_H\gamma+f_L(1-\gamma)}$，整理后得

$$\frac{v'}{u'}=\lambda+\mu\frac{\overline{\gamma}(\pi)-\gamma}{\overline{\gamma}(\pi)(1-\gamma)} \tag{3.19}$$

会出现两种情况，一种是委托人奖励代理人，另一种则是处罚代理人。当委托人观测到 π 认为代理人勤奋工作概率大，即 $\overline{\gamma}(\pi)$ 大于 γ，

也就是$\frac{v'}{u'}=\lambda+\mu\left(1-\frac{f_L}{f_H}\right)>\lambda$，此时委托人奖励代理人。

当委托人观测到 π 认为代理人偷懒工作概率大，即 $\overline{\gamma}(\pi)$ 小于 γ，即$\frac{v'}{u'}=\lambda+\mu\left(1-\frac{f_L}{f_H}\right)<\lambda$，此时委托人处罚代理人。

3.3.2　代理成本

Jensen 和 Meckling（1976）定义了代理成本，认为代理成本是委托人的监督费用、代理人的担保费用和剩余损失的总和。代理关系是委托人授权代理人为了委托人利益而服务的一种契约。若委托代理双方都是理性经济人的话，代理人则不会总为了委托人最佳利益而采取行动。委托人要么通过建立恰当激励来限制代理人对委托人利益的偏离，要么通过实施监督来限制代理人的逆向行为，这种监督行为带来的费用即监督费用。另外，委托人还要支付代理人以使其耗用资源（即担保费用）来保证其不会采取损害委托人利益的行为，或者确保在代理人采取败德行为时委托人会得到补偿。大多数代理关系中，委托代理双方要产生正的监督和担保费用，另外在代理人实际决策与使委托人利益最大化的决策间会出现一定偏离。这种偏离导致以货币度量的委托人利益的减少即剩余损失。

3.4　股利政策理论

投资、融资和股利政策是现代公司理财活动的三大核心内容。围绕公司价值是否受到股利分配活动的影响，产生了不相关和相关两类股利理论。与公司价值相关的股利理论主要是在股利不相关理论基础上逐步放松假设条件后发展起来的。

3.4.1　MM 股利无关论

Miller 和 Modigani（1961）提出了股利与公司价值不相关理论，认为公司价值在完美市场、理性行为以及完全确定性条件下，不受股利分配活动影响，只与投资获利能力相关。假设在完美资本市场、理性行为和完全确定条件下，每只股票在任何期间的市场投资回报率都相等，每股投资回报率等于每股股利加资本利得，设为 $\rho_{(t)}$，则得

$$\rho_{(t)}=\frac{d_i(t)+p_i(t+1)-p_i(t)}{p_i(t)} \tag{3.20}$$

其中，$p_i(t)$ 为公司 i 第 t 期期初股价，$p_i(t+1)$ 为公司 i 第 $t+1$ 期期初股价，$d_i(t)$ 为公司 i 第 t 期支付的每股股利，式（3.20）变形后得，

$$p_i(t)=\frac{d_i(t)+p_i(t+1)}{1+\rho(t)} \tag{3.21}$$

设 $n(t)$= 第 t 期期初股票数，$m(t+1)$= 第 t 期发行的股票数，则 $n(t+1)=n(t)+m(t+1)$，$V(t)=n(t)p(t)$，此为第 t 期公司市场价值，$D(t)=n(t)d(t)$，此为第 t 期公司支付的全部股利，则有，

$$\begin{aligned}V(t)&=\frac{1}{1+\rho(t)}\left[D(t)+n(t)p(t+1)\right]\\&=\frac{1}{1+\rho(t)}\left[D(t)+v(t+1)-m(t+1)p(t+1)\right]\end{aligned} \tag{3.22}$$

$m(t+1)p(t+1)$ 为外部融资额，等于投资额减去内部融资额，即

$$m(t+1)p(t+1)=I(t)-\left[X(t)-D(t)\right] \tag{3.23}$$

其中，$I(t)$ 为第 t 期投资额，$X(t)-D(t)$ 为第 t 期内部融资额，$X(t)$ 为第 t 期盈余额，$D(t)$ 为第 t 期支付的股利额，将式（3.23）代入式（3.22）得，

$$\begin{aligned}V(t)&=\frac{1}{1+\rho(t)}\left\{D(t)+V(t+1)-\left[I(t)-(X(t)-D(t))\right]\right\}\\&=\frac{1}{1+\rho(t)}\left[X(t)-I(t)+V(t+1)\right]\end{aligned} \tag{3.24}$$

式（3.24）中 $D(t)$ 并未出现，可见公司价值与股利政策并不相关，与投资额 $I(t)$、盈余 $X(t)$ 和投资报酬率 $\rho(t)$ 相关。

股利无关论的前提假设是理想化的，但现实情况与理想状态存在差距。现实差距体现在资本市场非完美性、行为非理性和非确定性。资本市场非完美性表现在市场信息不对称、存在交易成本和税收差异。行为非理性表现在人们的心理往往会破坏理性决策。非确定性表现为资本市场存在很多不确定性因素。米勒和莫迪格利安尼（Miller & Modigani，1961）提出股利无关论的同时，也指出在非完美经济条件下，股利分配与公司价值相关。之后的学者在不断放松前提假设条件下，继续股利政策理论研究，使之与现实更吻合。

3.4.2 “一鸟在手”理论

Lintner（1956）、Walter（1956）和Gordon（1959）等研究发展形成了“一鸟在手”股利理论。该理论主要观点是，相比于资本利得而言，现金股利更被投资者所偏好。因为投入再生产的保留盈余未来的投资回报具有风险，这种风险随着时间延长而增加。所以，降低股利支付水平会提高投资者获取投资报酬的风险，势必导致必要投资报酬率上升，进而会降低股票价格和公司价值，反之，股票价格和公司价值将会提升。公司价值受股利分配活动影响，股票价格和公司价值与股利支付水平正相关。

“一鸟在手”股利理论流行广泛，强调股利政策重要性，认为股利支付水平与公司价值正相关。但该理论局限性在于其是从心里预期出发研究得出结论，而投入再生产的保留盈余未来投资回报风险主要取决于投资活动，而非股利分配行为。

3.4.3 税差理论

税差理论建立在资本市场存在税收的前提之上，突破了股利无关论的无税假设。该理论认为，由于所得税率在股利和资本利得间存在差异，前者高于后者，税后所得在两者间也就存在差异，前者少于后者，所以与股利所得相比，投资者更倾向资本利得。

Farrar和Selwyn（1967）认为当资本利得税率低于股利所得税率时，

税后股利所得比资本利得要少，因此与股利所得相比，资本利得更受股东青睐。Brennan（1970）在 Farrar 和 Selwyn 的研究基础上，设计了一个股票估值模型，研究了一般均衡条件，认为股利发放对高股利公司产生的不良影响需要通过更高的税前收益来抵消，所以不发放股利才是公司最优的股利政策选择。

在股利所得税率高于资本利得税率条件下，上述结论在理论上成立。不过，姑且不论上述税差是否一定存在，如果公司最好的股利政策是不发放股利的话，那为什么很多公司还要发放股利呢？为什么不通过停发股利来实现公司价值最大化呢？

3.4.4 信号传递理论

该理论建立在资本市场存在信息不对称的前提之上，突破了股利无关论的信息对称假设。由于信息不对称的存在，公司内部管理者相对于外部投资者而言，拥有内部信息优势，更多外部人员不清楚的能够影响到公司未来发展的内部信息被其掌握。内部管理者可以通过股利工具将这种内部信息传递给外部投资者。股利增加向相关投资者传递的信息是，公司未来具有良好发展前景，业绩将会提升，而股利减少传递的则是利空消息，预示着公司不佳的发展前景。外部投资者根据股利政策的这种信息含量，分析公司发展前景如何，判断公司投资价值，调整其投资策略，进而影响到股票价格变化。股价随股利增加而上升，随股利减少而下降。

信号传递理论放弃了 MM 股利无关论中的信息对称假设，以信息不对称为其理论基础，推进了股利理论发展。但它也有局限性，主要表现在：无法解释股利分配行为在不同行业间的差异，如股利支付水平低并不意味着行业盈利能力一定弱；无法解释不同成长阶段的公司股利政策差异，如以信号传递理论来解释的话，会对公司价值做出不恰当的判断。

3.4.5 代理成本理论

该理论建立在资本市场存在委托代理冲突的前提之上，突破了股利无关论的无委托代理冲突假设。该理论认为，发放现金股利可减少自由现金流，抑制过度投资，进而降低代理成本，另一方面，自由现金流的减少，增加了外部融资需求，新股东会对管理层形成外在监管压力，从而降低了代理成本。

随着市场经济发展，公司规模扩大和经济业务日益复杂，就产生了公司所有权与经营权的分离，两权分离导致委托代理关系产生，代理成本随之形成。Jensen 和 Meckling（1976）提出了代理成本理论，认为代理成本产生于两类代理冲突：股东和经理间以及债权人与股东间的代理冲突。股东与经理间代理冲突的实质是，经理努力工作只能得到约定报酬，而剩余收益却全部归属于股东。股东和债权人间代理冲突源于二者权责不对等。

Rozef（1982）实证研究发现，支付现金股利虽然可降低代理成本，却又提高了外部融资交易成本，最优现金股利支付率应使上述两种成本之和最小化。Jensen（1986）认为现金股利支付减少了管理当局可支配的自由现金流，抑制了管理当局过度投资行为。

股利代理成本理论局限性在于：代理成本理论是以股权高度分散为背景进行研究的，主要关注股东和管理层的代理关系，并未关注股权高度集中条件下的大股东与小股东间代理问题；该理论以市场监管机制有效为前提，但实际市场监管机制并不完全有效。

3.4.6　股权结构理论

该理论建立在信息不对称前提之上，认为股利信息含量可降低信息不对称程度，不同股权结构公司的信息不对称程度不同，相应要求的股利支付政策也不同。基于股权结构的股利理论包括两种机制，一种是股东联盟控制机制，另一种是股利绑定机制。

（1）股东联盟控制机制

该机制中，不同股权结构条件下的股东通过联合控制方式，出于两种不同动机，要求股利支付来保障自身权益最大化。一种动机是股利信息含量传递要求强度，另一种动机是通过股利支付以降低代理成本的要求强度。前一种动机条件下，股利信息传递要求程度与股权结构集中程度负相关。若公司具有高集中度的股权结构，由于决策效率高，信息不对称程度低，则股东通过股利支付来降低信息不对称程度的要求就低。反之，若公司具有分散的股权结构，由于信息不对称程度高，则股东通过股利支付来降低信息不对称程度的要求就高。因此，低现金股利支付政策被具有集中股权结构的公司所偏好，而高现金股利支付政策被具有分散股权结构的公司所偏好。后一种动机产生于所有权与经营权分离导致的代理问题，由于存在代理成本，不同股权结构的公司股东会采取不同股利支付政策来降低这种成本。若公司具有集中的股权结构，由于两权分离度低，股东和经理层代理冲突不激烈，股东通过现金股利支付来降低代理成本的要求不强。但如果公司股权结构分散，两权分离度高，股东对现金股利支付的要求就会高，以此来降低管理者代理成本。

（2）股利绑定机制

该机制形成动因是，管理者为保持其自身高额薪酬，希望有一种将其自身价值与公司利益最大化目标绑定在一起的机制，而固定股利政策就是这种绑定机制的一种有效实现形式。固定股利包含着公司经营正常稳定且前景良好的信息，其可信程度比公司对外提供的报告更高。股利绑定机制也是双刃剑，虽可督促管理者勤勉工作，努力保持固定股利以维持其高额薪酬，但由于它没有和公司业绩紧密挂钩，一旦出现股利减少的情况，股价可能会因之快速下跌。机构持股比例高的股权结构对股利支付行为会产生影响，因为机构股东对股利支付的敏感程度比个人股东要低。随着机构持股比例的提高，机构投资者对股利支付的需求会降低，相比于高股利支付公司，低股利支付公司价值就会增加，在整体上，将会使公司平均股利减少。Fama 和 French（2001）研究结果表明，支付红利的美国公司比例已从 1978 年的三分之二降为 1999 年的五分之一，股利逐渐在消失。

3.4.7 生命周期理论

该理论认为，处于创业发展阶段的公司拥有的资源不多，规模不大，盈利能力不强，但投资选择的空间很大，更愿意将有限的盈余投入扩大再生产，而非发放股利，而处于发展成熟阶段的公司则相反，由于其投资选择空间较小，更愿意将盈余用于股利支付，而非用于再投资，保留盈余占权益比重与股利支付可能正相关，比重越高，股利支付可能性就越大。DeAngelo 等（2006）研究发现，股利具有生命周期特征，当资本中保留盈余占比很大时，发放股利公司占全部公司总数比例就高，而当资本中盈余占比很小时，发放股利公司比例几乎降为零，资本构成中盈余占比与股利发放决策具有显著关系。

生命周期股利理论将视角聚焦于企业不同的生存发展阶段上，考虑了企业资源、规模、盈利能力、投资机会、股东诉求等因素对股利政策的影响，分析了不同阶段股利政策的差异，形成了视角独特的股利理论。该理论思想的借鉴有助于制定实现公司长期健康发展且能有效保护股东权益的股利政策。

3.4.8　非理性预期理论

该理论是突破了 MM 股利无关论的理性行为假设，在股利分配行为研究中借鉴了包括心理学在内的多种学科研究成果而发展起来的股利理论，具有代表性的理论包括理性预期、自我控制以及股利迎合理论。

（1）理性预期理论

该理论核心观点是，市场投资者对公司管理当局经营决策的经济后果的预期决定了该决策的市场反应。投资者会在下期股利宣告临近时，预测股利支付方式和水平。投资者会在股利宣布时，比较实际与预期。若无差异，即便股利发放比以前多，股价仍不变。若有差异，投资者会重估股票及公司价值，股价就可能会出现波动。

（2）自我控制理论

该理论认为，完全理性的人的行为在现实中难以做到，心理因素如情绪、情感等会使人的行为表现出非理性，即使非理性行为后果不好，但人们仍难以有效自控。所以就算税收和交易成本不存在，资本利得和股利所得仍然不能完全相互替代。人们虽有未来目标和规划，但目前问题必须解决，这需要人们通过自我控制来实现。不过往往由于缺乏意志力，所以需要借助外部力量，人们才能实现自我控制。Shefrin 和 Statman（1984）依托自我控制理论，对现金股利被投资者偏好的现象进行了解释。

（3）股利迎合理论

针对“正在消失的股利”现象，Baker 和 Wurgler（2004）提出了股利迎合理论。该理论认为，管理当局为了对市场投资者需求进行迎合而制定相应股利政策。管理当局推出的现金股利发放政策是为了迎合投资者对现金股利的偏好，管理当局做出的不发放股利的决定也是为了迎合市场投资者不偏好现金股利的需求。所以，公司股利发放行为随市场投资者偏好变化而变化，以此迎合投资者对股票的需求。

3.5 国有资本收益理论

詹姆斯·E. 米德（James E.Meade）1936 年在《经济分析与政策导论》一书中提出社会分红理论。该理论认为，国家从国有企业和土地中获得利润，把其中一部分向社会消费者以红利方式无条件进行分配，剩余部分则投入到国有企业再生产过程中。1938 年他在《消费者信贷和失业》一书中进一步提出，这种社会红利可作为一种反周期的政策工具，在经济萧条期间，通过社会分红增加社会消费，以此应对经济衰退。

Vernon（1984）认为国有企业具有一套政府目标，与私有企业目标不同，承担更多社会责任，影响分红的因素与私有企业也不同。Smith 和 Trebilcock（2001）认为国有企业在发展中国家所起作用比发达国家要大，但实证证据显示国有企业通常效益不佳，是政府的一个主要负担，具体表现在政府为了维持国有企业运行而对其进行大量补助。国有企业效率低下归咎于国有产权性质和缺少竞争。在发展中和发达国家的国有企业私有化效果的实证证据显示私有化通常可以导致企业绩效显著提升。然而，在国有企业私有化政治上不可行时，尽管作为私有化政策次优选择，诸如管理契约、绩效契约以及更多竞争的国企改革选项，在某些情况下，仍可能促进国企业绩。

魏明海和柳建华（2007）基于国有上市公司 2001—2004 年样本数据，研究了现金股利和过度投资之间关系，实证结果发现，低现金股利支付水平对过度投资起促进作用。支付现金股利减少了管理当局可支配的自由现金流，可抑制过度投资行为，若股利支付率较低，管理者可控的自由现金流则较多，会促进过度投资。

国有企业分红比例观点包括：一对一谈判确定；固定比例；按盈利状况确定；按行业区别确定。

第 4 章　我国国有企业股权结构和国有资本收益分配历史沿革

4.1　国有企业股权结构历史沿革

4.1.1　改革开放前的国有企业

中华人民共和国建立之始，国营企业来源于两部分：小部分是在解放战争期间根据地方政府建立起来的国营企业；大部分是没收接管的官僚资本企业。这两部分国有企业国有股权比例为百分之百。同期还存在大量民营企业，这部分企业国有股权比例为零。在生产资料所有制社会主义改造期间，大量民营工商企业通过公私合营，逐步转变为国营企业，到 1956 年底，民营工商企业社会主义改造基本完成。从 1957 年到 1978 年期间，生产资料所有制实行“一大二公”，私营企业不存在了，企业基本是国营企业，企业国有股权比例为百分之百。

新中国成立后，国民经济逐步恢复，国营工业企业管理表现出明显中央集权趋势。1957 年底，国务院公布下达了《关于改进工业管理体制的规定（草案）》。目的是调整中央与地方关系，把工业一部分管理权力下放给地方和企业。1961 年初，中共中央制定了若干暂行规定，对经济管理体制进行调整，强调集中统一，以利克服经济困难。工业经济管理权限再次集中，上收了一批下放不当的企业。1969年2月16日至3月24日，全国计划座谈会在北京召开。会议提出，企业要以地方管理为主。1970年3月初，国务院发布通知，对工业交通领域中央企业管理权限做出调整，再次将权限下放给地方。通知要求，地方政府接管从中央部委下放的绝大部分企事业单位，中央与地方只共同管理少数单位。但至1976年“文革”结束，国有企业又陆续收归中央管理。

中华人民共和国成立后30年间，我国基本接受了苏联模式国营企业管理理论，一开始就建立起国有国营、政企不分、计划管理为特征的政企关系。国有企业管理权限在中央和地方政府间几次收放，始终没触及政府与企业关系改革。政府对企业实行行政计划、直接管理政策，导致国有企业成为政府部门附属物，经营机制僵化，缺乏活力。

4.1.2　改革开放后的国有企业

1978年改革开放以来，国有企业改革实质是通过产权结构变革来激发企业经营活力，从此视角出发，改革历程可划分为两大阶段：第一大阶段是产权不动基础上变革经营机制阶段，第二大阶段是产权多元化基础上变革经营机制阶段。第一大阶段可划分为放权让利和承包经营两个阶段，第二大阶段可划分为建立现代企业制度、建立健全国有资产监管机制和全面深化改革三个阶段。

（1）放权让利阶段（1978—1984）

1978年10月，包括重庆钢铁公司在内的六家国有企业在四川开始了企业经营自主权扩大试点。1979年5月，北京、天津和上海的包括首都钢铁公司在内的八家国有企业，在国家经济委员会等六个部门领导下进行了企业经营自主权扩大试点。1981至1982年期间，经济责任制在工交企业实行。1983至1984年期间，国有企业先后进行了两步利改税改革，第一步利改税改革于1983年在国有企业中实行，第二步利改税改革于1984年实行。这一阶段特点是以扩大企业经营自主权为指导思想，在产权不动基础上采取放权、经济责任制和利改税等手段，通过物质刺激，调动企业和职工积极性。

（2）承包经营阶段（1985—1992）

1984年10月，党的十二届三中全会关于经济体制改革做出了决定，决定指出：社会主义经济是有计划商品经济；国有企业要转变为具有自主经营、自负盈亏能力的商品生产和经营者；企业所有权与经营权可以分离。两权分离主要是通过推行企业经营承包责任制来实现的。1988年2月，国务院为了对国有企业承包经营活动进行规范，明确国家和企业间经济利益关系，颁布了《全民所有制工业企业承包经营责任制暂行条例》。第一轮承包经营期限于1990年到期，接着又开始了第二轮承包。承包经营阶段特点是在产权不动条件下，实行国有企业所有权与经营权分离，将经营权承包给个人，个人权利义务是：包死基数、确保上交、超收多留和歉收自补。放权让利和承包经营都是在没有确立国有企业法人财产权前提下进行的改革尝试，由于法人财产权未确立，国有企业普遍存在产权不清、权责不明、政企不分和管理混乱问题。

（3）建立现代企业制度（1993—2002）

建立社会主义市场经济体制目标于1992年在党的十四大上被提出之后，次年11月，党的十四届三中全会对建立社会主义市场经济体制有关重大问题做出决定，决定指出我国国有企业改革方向是建立现代企业制度。现代企业制度特征包括产权清晰、权责明确、政企分开和管理科学。1994年国务院确定100家企业进行建立现代企业制度试点。1997年党中央决定用三年时间帮助企业脱困，到2000年底，基本完成“三年脱困”目标。国有企业公司制股份制改革，确立了国有企业法人财产权，使其以其全部法人财产权依法自主经营和自负盈亏。现代企业制度建立触及产权层面，国有企业股权开始多元化。国有企业根据不同功能分类，分别采取国有独资、国有绝对控股、国有相对控股和国有参股不控股四种国有股权比例形式。该阶段是我国企业股份制大力发展时期。国有企业改革最终选择了股份制形式。

（4）建立健全国有资产监督体制（2003—2012）

2003 年 10 月，党的十六届三中全会对完善社会主义市场经济体制有关重大问题做出决定，决定指出：建立健全国有资产监管体制；政府国有资产出资与公共管理职能应分离；国有资产监管机构依法履行对国有资产的出资人职责。2003 年 3 月，国务院国有资产监督管理委员会的成立标志着国有资产出资人代表制度确立。该阶段是股份制进入稳健规范发展时期。

（5）全面深化改革（2013 年至今）

2013 年底，党的十八届三中全会通过的《决定》指出：坚持公有经济主导地位，坚持大力发展非公经济；我国基本经济制度重要实现形式是混合所有制；积极发展混合所有制，混合所有制有助于国有资本与非公资本优势互补、相互融合，有助于国有资本功能放大；允许非公资本参与国有资本投资项目，鼓励发展民营控股的混合所有制企业；允许员工持股在混合所有制企业中实行；改革国有资本授权经营体制，以资本为纽带加强对国有资产监管，组建国有资本投资公司和运营公司；到 2020 年，国有资本收益收取将进一步提高到 30%，更多用于民生保障。

2015 年 9 月 13 日国务院发布的《指导意见》、9 月 23 日国务院发布的《意见》、10 月 25 日国务院发布的《若干意见》以及 12 月 29 日国资委等三部委发布的《功能指导意见》进一步推动了我国国有企业全面改革和发展。

4.2　国有资本收益分配历史沿革

我国国有企业收益分配历经统收统支、扩权让利、暂停上缴国有资本收益和恢复上缴国有资本收益四个历史阶段。从建国到改革开放前，国有企业国有国营，统收统支，实行计划管理，企业收益全部上缴国家。改革开放后，实行了扩权让利的国有企业改革，通过物质刺激调动企业和职工的生产积极性，国有企业可以保留部分利润，随后又逐步实行了经济责任制、利改税、承包经营责任制，进一步调整国家、企业和职工的经济利益分配关系。国务院 2007 年颁布了《关于试行国有资本经营预算的意见》，结束了 1994 年以来中央企业向政府只交税不缴红利的历史，恢复了国有企业利润上缴制度。

4.2.1 统收统支阶段（1949—1978）

该阶段历经国民经济恢复、生产资料所有制社会主义改造、“大跃进”、国民经济调整、“文化大革命”各个时期，伴随计划经济体制，国有企业收益分配管理总体呈现统收统支特征，但不同历史时期，仍具有不同特点。

新中国成立后国民经济恢复期间，由于国有经济尚未占据主导地位，国有企业利润分配行为并不规范。国民经济恢复后，我国效仿苏联，在经济管理方面建立起计划经济体制，逐步形成了统收统支的国有企业利润分配制度。1953 年至 1956 年的生产资料所有制社会主义改造，通过公私合营方式，使大量资本主义工商企业转变为国有企业，到 1956 年底，资本主义工商企业社会主义改造基本完成。国有企业管理采用了苏联高度集权的计划管理模式，实行国有国营、统购包销、统收统支和统分统配体制。国家预算把国有企业经济收支活动完全纳入其中，国家收缴国有企业全部利润，再通过财政拨款来满足企业生产过程中的资金需求。奖励基金制和超计划留成制度也在国有企业中实行，以达到激发企业活力、调动员工积极性的目的，但企业留存部分很少。

在“大跃进”时期，国有企业管理权限从中央下放给地方，以解决经济管理中集中太多、统得过死的体制弊端。国有企业利润分配方面，取消了奖励基金制度，实行利润全额留成制度。

从 1961 年至 1965 年的国民经济调整时期，国有企业管理权限又从地方收归中央。国有企业利润分配方面，除了商业部门外，企业利润全额留成制度被取消，又实行起奖励基金制度。

在 1966 年至 1976 年的“文化大革命”时期，国有企业管理权限在中央和地方之间先放后收，至 1976 年“文革”结束，国有企业又陆续收归中央管理。国有企业利润分配方面，企业奖励基金制度随着其他规章制度的取消、简化或破坏而被取消，实行企业职工福利基金根据工资总额和国家规定提取比例从生产成本中提取的制度。实际上，国有企业利润分配又被纳入到国家统收统支的预算管理体系中。

1978 年改革开放后，以经济建设为中心成为了党的工作重心。计划经济管理体制已不适应我国生产力发展要求，与之相应的国有企业统收统支利润分配体制也转轨到新分配体制上来。

4.2.2　扩权让利阶段（1979—1993）

1978 年，企业基金制度在独立核算的国有企业全面实行。1979 年，基于企业基金制度，利润留成制度在部分国营企业试行。利润留成制度通过物质刺激，调动了国营企业生产积极性，促使企业努力增产增收，但其弊端在于基数确定不合理，容易出现鞭打快牛现象。

1983 年 4 月，关于国营企业利润上缴改为税收上缴事宜，国务院批转了财政部拟订的试行办法，利改税第一步改革在全国范围内开始试行。国家对盈利的国营企业依法征收企业所得税后，再与企业通过协商方式对剩余利润进行合理分配。1984 年 10 月，利改税第二步改革开始进行。基本模式是以 11 种税替代国营企业应向国家上缴的利润，国家与国营企业间主要以税收形式进行收益分配，税利并存逐步过渡到以税代利。

1988 年 2 月，国务院颁布暂行条例，对全民所有制工业企业承包经营活动进行规范，明确国家和企业间经济利益关系。第一轮承包经营期限于 1990 年到期后，第二轮承包接着开始进行。承包经营责任制分配特点是在基数和上交任务确保前提下的盈亏自负，极大调动了承包者的积极性，但也存在承包基数不合理、寻租、包盈不包亏和鞭打快牛现象。

4.2.3　暂停上缴国有资本收益阶段（1994—2007）

1993 年 12 月，国务院对财税管理体制进行改革，做出实行分税制的决定。税利分流制度从 1994 年起在国有企业全面实行。分税制的实质是，通过税收形式，依据统一税率对国有企业应上缴国家部分进行征收，剩余则全归企业所有，即在一段时期内国有企业税后利润不再向国家上缴。同时也明确指出，要逐步建立国有资本收益上缴分配制度，所以，国有企业税后利润暂停上缴只是过渡性措施，不过，这一过渡措施一直持续到2007年才结束。

4.2.4 恢复上缴国有资本收益阶段（2007年至今）

2007年9月，国务院就国有资本经营预算试行问题发布意见，决定部分企业从2007年开始按照国有资本经营预算要求，上缴上一年度实现的国有资本收益，中央本级实施范围内的企业从2008年开始按照国有资本经营预算要求，上缴上一年度实现的国有资本收益。中央企业按照1994年分税制改革要求而暂停上缴国有资本收益的历史结束了，这标志着国家以所有者身份恢复了对国有企业国有资本收益的收取。同年底，财政部联合国资委就中央企业国有资本收益如何收取问题颁布了暂行办法，确定了国有资本收益上缴比例，最高为10%。国有资本收益上缴比例在2011年、2012年和2014年上调了三次，最高为25%。十八届三中全会《决定》要求，2020年国有资本收益上缴公共财政比例提高到30%，更多用于民生保障。

第 5 章　股权结构与国有资本收益关系实证研究

5.1　股权集中度与股利分配

5.1.1　股权集中度与股利分配可能性

（1）股权集中度与股利分配可能性

以每股现金股利代表发放现金股利，每股转送比之和代表发放股票股利，则股利分配方案包括：发放现金股利，不发放股票股利；发放股票股利，不发放现金股利；发放现金股利，发放股票股利；不发放现金股利，不发放股票股利。“发放现金股利，不发放股票股利”为方案 1（取值为 1），“发放股票股利，不发放现金股利”为方案 2（取值为 2），“发放现金股利，发放股票股利”为方案 3（取值为 3），“不发放现金股利，不发放股票股利”为方案 4（取值为 4）。以无股利分配的方案 4 为参照组，利用多值逻辑回归模型进行分析，以股利分配可能性构造因变量，股权集中度、资产规模、财务杠杆和成长能力为自变量，股权集中度为待考察变量，包括公司第一大、前五和前十大股东股权集中度，其余变量为控制变量，考察股权集中度对股利分配可能性的影响，多值逻辑回归 mlogit 模型如下：

$$\mathrm{logit}P_{j/4}=\ln\left(\frac{P(y=j|x)}{P(y=4|x)}\right)=a_j+b_{j1}\times \mathrm{totalownership}x_{it}+b_{j2}\times \mathrm{lnsize}x_{it}+$$

$$b_{j3} \times \text{debtratio}x_{it}+b_{j4} \times \text{revgrowth}x_{it}\ (j=1,\ 2,\ 3) \qquad (5.1)$$

① 全样本组

P（$y=i|x$）为股利发放各种方案的可能性，totalownershipx_{it} 为股权集中度，根据式（5.1），多值逻辑回归结果如表 5.1 所示。

表 5.1　股权集中度对股利分配可能性影响

$\ln\left(\frac{P(y=j\|x)}{P(y=4\|x)}\right)$	方案 1			方案 2			方案 3		
	（1）	（2）	（3）	（1）	（2）	（3）	（1）	（2）	（3）
totalownership1x_{it}	1.3337*** （0.1708）			0.1258 （0.4322）			0.4364** （0.2224）		
totalownership5x_{it}		1.7878*** （0.1691）			1.4670*** （0.4249）			2.14855*** （0.2211）	
totalownership10x_{it}			1.4321*** （0.2302）			2.1663*** （0.429）			3.2408*** （0.2265）
lnsizex_{it}	0.8869*** （0.0272）	0.8858*** （0.0272）	0.8854*** （0.0272）	0.3117*** （0.0650）	0.2788*** （0.0646）	0.2630*** （0.0644）	0.6994*** （0.0344）	0.6486*** （0.0343）	0.6179*** （0.0343）
debtratiox_{it}	-4.6545*** （0.1469）	-4.5531*** （0.1477）	-4.5168*** （0.148）	-2.8953*** （0.3418）	-2.7788*** （0.3429）	-2.6901*** （0.3427）	-5.2070*** （0.1898）	-4.9956*** （0.1908）	-4.8333*** （0.1913）
revgrowthx_{it}	0.1078** （0.0546）	0.0739 （0.0549）	0.0530 （0.055）	0.6530*** （0.0844）	0.6094*** （0.0848）	0.5768*** （0.085）	0.5111*** （0.06）	0.4511*** （0.0603）	0.3995*** （0.0608）
_cons	-17.0779*** （0.5504）	-17.5246*** （0.5540）	-17.7283*** （0.5562）	-7.8904*** （1.3195）	-7.9183*** （1.3104）	-8.0569*** （1.3075）	-13.6598*** （0.6958）	-13.5888*** （0.6934）	-13.6968*** （0.6943）
N	10997	10997	10997	10997	10997	10997	10997	10997	10997
Pseudo R^2	0.1074	0.1101	0.1145	0.1074	0.1101	0.1145	0.1074	0.1101	0.1145

注：***、** 分别代表 1%、5% 显著性水平，括号内为标准误。

表 5.1 显示：以方案 4 为参照，对于方案 1 的可能性，上市公司第一大、前五和前十大股东股权集中度均在 1% 显著性水平与方案 1 的可能性正相关，即股权集中度提高可显著提高发放现金股利而不发放股票股利的可能性；对于方案 2 的可能性，上市公司第一大股东股权集中度与方案 2 的可能性不相关，但前五大和前十大股东股权集中度均在 1% 显著性水平与方案 2 的可能性正相关，即上市公司前五大和前十大股东股权集中度的提高可显著提高发放股票股利而不发放现金股利的可能性；对于方案 3 的可能性，上市公司第一大股东股权集中度在 5% 显著性水平与方案 3 的可能性正相关，前五大和前十大股东在 1% 水平下正相关，即股权集中度的提高可显著提高发放现金股利且发放股票股利的可能性。总体看，股权集中度提高股利分配可能性。

② 国有控股组

在国有控股组样本条件下，根据式（5.1），多值逻辑回归结果如表 5.2 所示。

表 5.2　国有控股组股权集中度对股利分配可能性影响

	方案 1			方案 2			方案 3		
$\ln\frac{P(y=j\|x)}{P(y=4\|x)}$	（1）	（2）	（3）	（1）	（2）	（3）	（1）	（2）	（3）
totalownership1x_{it}	1.5362*** （0.2265）			-0.4579 （0.6519）			0.6113* （0.3417）		
totalownership5x_{it}		1.2267*** （0.2289）			0.0563 （0.6509）			0.7203** （0.3448）	
totalownership10x_{it}			1.4321*** （0.2302）			0.4271 （0.6521）			1.6425*** （0.3519）
lnsizex_{it}	0.7813*** （0.0338）	0.7865*** （0.0341）	0.7847*** （0.0341）	0.1582* （0.0927）	0.1452 （0.0929）	0.1363 （0.0927）	0.6612*** （0.0482）	0.6561*** （0.049）	0.6197*** （0.0486）
debtratiox_{it}	-4.5147*** （0.2045）	-4.5269*** （0.2045）	-4.5237*** （0.2046）	-1.9973*** （0.5272）	-1.9676*** （0.5275）	-1.9458*** （0.5273）	-3.8916*** （0.2995）	-3.8703*** （0.3001）	-3.7750*** （0.2995）
revgrowthx_{it}	0.3422*** （0.0809）	0.3329*** （0.0811）	0.3191*** （0.0811）	0.7234*** （0.1402）	0.7134*** （0.1410）	0.6985*** （0.1411）	0.5795*** （0.0989）	0.5671*** （0.0993）	0.5314*** （0.0994）
_cons	-15.0329*** （0.6919）	-15.1752*** （0.6937）	-15.2888*** （0.6954）	-5.0032*** （1.9101）	-4.9269** （1.9085）	-4.9425*** （1.9038）	-14.0251*** （0.9887）	-14.0581*** （0.9925）	-13.8365*** （0.9849）
N	5658	5658	5658	5658	5658	5658	5658	5658	5658
Pseudo R^2	0.1072	0.1052	0.1064	0.1072	0.1052	0.1064	0.1072	0.1052	0.1064

注：***、**、* 分别代表 1%、5%、10% 显著性水平，括号内为标准误。

在国有控股组，表 5.2 中：方案 1 下的栏（1）（2）（3）显示前一、五、十大股东股权集中度与方案 1 显著正相关，即股权集中度显著提高了发放现金股利而不发放股票股利的可能性；方案 2 下的栏（1）（2）（3）显示前一、五、十大股东股权集中度与方案 2 不相关，即股权集中度与发放股票股利而不发放现金股利的可能性不相关；方案 3 下栏（1）（2）（3）显示前一、五、十大股东股权集中度与方案 3 显著正相关，即股权集中度显著提高了发放现金股利又发放股票股利的可能性。

（2）股权集中度与现金股利分配可能性

涉及支付现金股利的股利分配方案包括方案 1 和 3，即“支付现金股利，不支付股票股利”和“支付现金股利，又支付股票股利”，那么发放现金股利方案则综合了方案 1 和 3 两个样本组，以现金股利支付率大于零代表发放现金股利，等于零代表不发放现金股利。利用二值逻辑回归模型进行分析，以现金股利分配可能性构造因变量，股权集中度为解释变量，资产规模、财务杠杆和成长能力为控制变量，二值逻辑回归模型如下，

$$\ln\left[\frac{P(\text{isdividend}_{it})}{1-P(\text{isdividend}_{it})}\right]=a_0+a_1\times \text{totalownership}x_{it}+a_2\times \text{lnsize}x_{it}+a_3\times \text{debtratio}x_{it}+a_4\times \text{revgrowth}x_{it}+\varepsilon_{it} \quad (5.2)$$

① 全样本组

$P(\text{isdividend}_{it})$ 为现金股利发放的可能性，根据式（5.2），二值逻辑回归结果见表 5.3。

表 5.3 股权集中度对现金股利分配可能性影响

$\ln\left[\frac{P(\text{isdividend}_{it})}{1-P(\text{isdividend}_{it})}\right]$	（1）	（2）	（3）
totalownership1x_{it}	1.0492*** （0.1538）		
totalownership5x_{it}		1.5710*** （0.1520）	
totalownership10x_{it}			1.9388*** （0.1519）
lnsizex_{it}	0.7079*** （0.0238）	0.6967*** （0.0237）	0.6898*** （0.0237）

续表

$\ln\left[\frac{P(\text{isdividend}_{it})}{1-P(\text{isdividend}_{it})}\right]$	（1）	（2）	（3）
$\text{debtratio}x_{it}$	−4.1970*** （0.1305）	−4.0777*** （0.1312）	−4.0158*** （0.1315）
$\text{revgrowth}x_{it}$	0.1720*** （0.0457）	0.1388*** （.0460）	0.1125** （0.0462）
_cons	−13.2545*** （0.4804）	−13.4880*** （0.4817）	−13.6297*** （0.4835）
N	10997	10997	10997
Pseudo R^2	0.1378	0.1420	0.1460

注：***、** 分别代表 1%、5% 显著性水平，括号内为标准误。

表 5.3 显示：提高第一大、前五和前十大股东股权集中度可显著提高上市公司现金股利支付可能性。

② 国有控股组

在国有控股组样本条件下，根据式（5.2），二值逻辑回归结果见表 5.4。

表 5.4　股权集中度对现金股利分配可能性影响

$\ln\left[\frac{P(\text{isdividend}_{it})}{1-P(\text{isdividend}_{it})}\right]$	（1）	（2）	（3）
$\text{totalownership1}x_{it}$	1.2832*** （0.2075）		
$\text{totalownership5}x_{it}$		0.9752*** （0.2094）	
$\text{totalownership10}x_{it}$			1.2708*** （0.211）
$\text{lnsize}x_{it}$	0.6345*** （0.0299）	0.6397*** （0.0302）	0.6312*** （0.0302）
$\text{debtratio}x_{it}$	−3.7418*** （0.1834）	−3.7549*** （0.1834）	−3.7330*** （0.1834）
$\text{revgrowth}x_{it}$	0.3593*** （0.0716）	0.3520*** （0.0718）	0.3364*** （0.0718）
_cons	−12.1388*** （0.6139）	−12.2498*** （0.6148）	−12.2667*** （0.6154）
N	5658	5658	5658
Pseudo R^2	0.1298	0.1276	0.1295

注：*** 分别代表 1% 显著性水平，括号内为标准误。

在国有控股组中，表 5.4 显示：前一、五、十大股东股权集中度与现金股利分配显著正相关，即提高股权集中度可显著提高现金股利发放可能性。

5.1.2 股权集中度与股利支付

（1）股权集中度对股利支付的 OLS 回归影响

股利支付分为现金股利支付和股票股利支付。以现金股利支付率和每股现金股利分别作为现金股利支付替代变量，每股股票股利作为股票股利支付替代变量，股权集中度为解释变量，资产规模、财务杠杆和成长能力为控制变量，最小二乘回归模型如下，

$$\text{dividend}x_{it}=a_0+a_1\times\text{totalownership}x_{it}+a_2\times\text{lnsize}x_{it}+a_3\times\text{debtratio}x_{it}+a_4\times\text{revgrowth}x_{it}+\varepsilon_{it} \qquad (5.3)$$

① 全样本组

dividendx_{it} 代表现金股利支付率 dividendratex_{it}、每股股利 divperstkx_{it}、每股股票股利 stkdivperstkx_{it}，根据式（5.3），普通最小二乘回归结果如表 5.5 所示。

表 5.5 股权集中度对股利支付的影响

	dividendratex_{it}			*divperstkx_{it}*			*stkdivperstkx_{it}*		
	（1）	（2）	（3）	（1）	（2）	（3）	（1）	（2）	（3）
totalownership1x_{it}	0.1821*** （10.52）			0.0941*** （11.87）			-0.0519*** （-3.04）		
totalownership5x_{it}		0.2195*** （12.87）			0.1323*** （17.03）			0.0958*** （5.70）	
totalownership10x_{it}			0.2173*** （12.70）			0.1540*** （19.84）			0.1835*** （10.93）
lnsizex_{it}	0.0241*** （10.70）	0.0230*** （10.32）	0.0237*** （10.65）	0.0312*** （30.24）	0.0299*** （29.36）	0.0294*** （29.20）	0.0029 （1.30）	-0.0029 （-1.34）	-0.0059*** （-2.70）
debtratiox_{it}	-0.3205*** （-26.39）	-0.3056*** （-24.98）	-0.3033*** （-24.71）	-0.1841*** （-33.12）	-0.1742*** （-31.24）	-0.1698*** （-30.51）	-0.1743*** （-14.59）	-0.1602*** （-13.29）	-0.1478*** （-12.27）
revgrowthx_{it}	-0.0265*** （-5.28）	-0.03*** （-5.97）	-0.0316*** （-6.27）	0.0109*** （4.76）	0.0086*** （3.74）	0.0068*** （2.97）	0.0597*** （12.09）	0.0561*** （11.34）	0.0522*** （10.56）

续表

	$dividendratex_{it}$			$divperstkx_{it}$			$stkdivperstkx_{it}$		
	(1)	(2)	(3)	(1)	(2)	(3)	(1)	(2)	(3)
_cons	-0.2116*** (-4.57)	-0.2426*** (-5.32)	-0.2648*** (-5.83)	-0.5378*** (-25.41)	-0.5486*** (-26.42)	-0.5581*** (-27.08)	0.1331*** (2.93)	0.1851*** (4.12)	0.1907*** (4.28)
N	10997	10997	10997	10997	10997	10997	10997	10997	10997
R^2	0.0777	0.0823	0.0819	0.1568	0.1679	0.1755	0.0320	0.0340	0.0416

注：*** 代表 1% 显著性水平，括号内为 t 值。

表 5.5 显示：股权集中度对现金股利支付率或每股股利显著正相关；第一大股东股权集中度与股票股利显著负相关，而前五大和前十大股东股权集中度与股票股利显著正相关。

② 国有控股组

在国有控股组样本条件下，根据式（5.3），普通最小二乘回归结果如表 5.6 所示。

表 5.6　股权集中度对股利支付的影响

	$dividendratex_{it}$			$divperstkx_{it}$			$stkdivperstkx_{it}$		
	(1)	(2)	(3)	(1)	(2)	(3)	(1)	(2)	(3)
$totalownership1x_{it}$	0.1728*** (7.43)			0.0926*** (8.62)			-0.0334* (-1.88)		
$totalownership5x_{it}$		0.1453*** (6.18)			0.1045*** (9.64)			0.0001 (0.00)	
$totalownership10x_{it}$			0.1460*** (6.13)			0.1297*** (11.88)			0.0491*** (2.71)
$lnsizex_{it}$	0.0248*** (8.58)	0.0248*** (8.37)	0.0250*** (8.46)	0.0309*** (23.08)	0.0296*** (21.71)	0.0287*** (21.16)	0.0038* (1.72)	0.0025 (1.12)	0.0003 (0.15)
$debtratiox_{it}$	-0.2905*** (-16.41)	-0.2925*** (-16.47)	-0.2926*** (-16.47)	-0.1919*** (-23.46)	-0.1900*** (-23.24)	-0.1874*** (-23.01)	-0.0364*** (-2.69)	-0.0329** (-2.43)	-0.0275** (-2.03)
$revgrowthx_{it}$	-0.0056 (-0.80)	-0.0064 (-0.91)	-0.0073 (-1.03)	0.0220*** (6.77)	0.0209*** (6.42)	0.0195*** (6.01)	0.0427*** (7.94)	0.0421*** (7.81)	0.0405*** (7.51)
_cons	-0.2524*** (-4.19)	-0.2584*** (-4.27)	-0.2678*** (-4.44)	-0.5345*** (-19.19)	-0.5261*** (-18.88)	-0.5237*** (-18.94)	0.0006 (0.01)	0.0141 (0.30)	0.0322 (0.70)
N	5658	5658	5658	5658	5658	5658	5658	5658	5658
R^2	0.0678	0.0650	0.0649	0.1738	0.1765	0.1834	0.0124	0.0117	0.0130

注：***、**、* 分别代表 1%、5%、10% 显著性水平，括号内为 t 值。

在国有控股组中，表 5.6 显示：前一、五、十大股东股权集中度与现金股利支付率、每股现金股利显著正相关，即股权集中度与现金股利支付显著正相关；“$stkdivperstkx_{it}$”栏（1）显示第一大股东股权集中度与股票股利显著负相关，栏（2）显示前五大股东股权集中度与股票股利不相关，栏（3）显示前十大股东股权集中度与股票股利显著正相关。

（2）股权集中度对现金股利支付率的分位数回归影响

以现金股利支付率为因变量，解释及控制变量同上，分位数回归模型如下，

$$dividendratex_{it}=a_0+a_1\times totalownershipx_{it}+a_2\times lnsizex_{it}+a_3\times debtratiox_{it}+a_4\times revgrowthx_{it}+\varepsilon_{it} \quad (5.4)$$

① 全样本组

分位数选取 30%、50% 和 70%，则分位数回归结果如表 5.7 所示。

表 5.7　股权集中度对现金股利支付率的分位数回归

	30%			50%			70%		
$dividendratex_{it}$	（1）	（2）	（3）	（1）	（2）	（3）	（1）	（2）	（3）
$totalownership1x_{it}$	0.0742*** （8.92）			0.1649*** （7.70）			0.2289*** （8.60）		
$totalownership5x_{it}$		0.1173*** （14.44）			0.2207*** （13.14）			0.2684*** （12.70）	
$totalownership10x_{it}$			0.1278*** （14.89）			0.2325*** （10.75）			0.2651*** （11.25）
$lnsizex_{it}$	0.0270*** （19.78）	0.0266*** （22.57）	0.0262*** （25.87）	0.0363*** （14.85）	0.0348*** （15.70）	0.0343*** （21.36）	0.0232*** （7.59）	0.0243*** （6.27）	0.0260*** （8.49）
$debtratiox_{it}$	−0.1682*** （−14.81）	−0.1645*** （−13.85）	−0.1604*** （−21.81）	−0.3546*** （−29.79）	−0.3323*** （−20.64）	−0.3228*** （−24.95）	−0.3777*** （−26.68）	−0.3662*** （−14.93）	−0.3659*** （−24.63）
$revgrowthx_{it}$	−0.0006 （−0.17）	−0.0032 （−1.45）	−0.0033* （−1.44）	−0.0146*** （−3.29）	−0.0193*** （−4.29）	−0.0204*** （−5.67）	−0.0367*** （−5.49）	−0.0413*** （−7.37）	−0.0415*** （−6.90）
_cons	−0.4874*** （−18.14）	−0.5119*** （−22.52）	−0.5151*** （−22.93）	−0.5275*** （−10.65）	−0.5621*** （−13.68）	−0.5705*** （−18.79）	−0.1187* （−1.92）	−0.2027*** （−2.64）	−0.2498*** （−4.02）
N	10997	10997	10997	10997	10997	10997	10997	10997	10997
Pseudo R^2	0.0253	0.0603	0.0320	0.0794	0.0838	0.0857	0.0603	0.0632	0.0632

注：***、* 分别代表 1%、10% 显著性水平，括号内为 t 值。

表 5.7 显示：现金股利支付率水平由低到高，股权集中度对现金股利支付率的正向作用显著且越来越强。

② 国有控股组

在国有控股组样本条件下，分位数选取 30%、50% 和 70%，则分位数回归结果如表 5.8 所示。

表 5.8　股权集中度对现金股利支付率的分位数回归

	30%			50%			70%		
dividendratex_{it}	(1)	(2)	(3)	(1)	(2)	(3)	(1)	(2)	(3)
totalownership1x_{it}	0.0826*** (6.60)			0.1621*** (6.61)			0.1902*** (9.73)		
totalownership5x_{it}		0.0875*** (8.08)			0.1407*** (5.30)			0.1699*** (5.02)	
totalownership10x_{it}			0.0964*** (9.65)			0.1629*** (7.61)			0.1688*** (6.85)
lnsizex_{it}	0.0273*** (13.51)	0.0281*** (12.09)	0.0275*** (15.62)	0.0392*** (16.31)	0.0384*** (17.95)	0.0378*** (12.75)	0.0236*** (7.41)	0.0244*** (5.07)	0.0249*** (6.53)
debtratiox_{it}	−0.1522*** (−10.84)	−0.1495*** (−8.60)	−0.1472*** (−10.33)	−0.3739*** (−24.46)	−0.3769*** (−18.41)	−0.3752*** (−20.39)	−0.3761*** (−16.70)	−0.3914*** (−13.45)	−0.3972*** (−16.74)
revgrowthx_{it}	0.0072 (1.64)	0.0053 (1.31)	0.0052 (1.62)	−0.001 (−0.13)	−0.0012 (−0.18)	−0.0035 (−0.52)	−0.0073 (−0.77)	−0.0065 (−0.76)	−0.0080 (−0.74)
_cons	−0.5147*** (−13.27)	−0.5459*** (−12.88)	−0.5432*** (−15.29)	−0.5916*** (−11.68)	−0.5836*** (−13.58)	−0.5874*** (−8.40)	−0.1243* (−1.84)	−0.1513 (−1.51)	−0.1634* (−1.94)
N	5658	5658	5658	5658	5658	5658	5658	5658	5658
Pseudo R^2	0.0251	0.0257	0.0269	0.0830	0.0819	0.0831	0.0561	0.0542	0.0544

注：***、* 分别代表 1%、10% 显著性水平，括号内为 t 值。

在国有控股组中，表 5.8 显示：现金股利支付率水平由低到高，股权集中度对现金股利支付率的正向作用显著且越来越强。

5.2　股权集中度、股权制衡度与现金股利

先研究股权集中度对现金股利的相关关系，再研究股权制衡度对现金股利相关关系，再研究股权制衡度在股权集中度与现金股利之间的调节作用，最后研究股权集中度与股权制衡度联合对现金股利的作用。股权集中

度用公司第一大、前十大股东股权集中度代表，股权制衡度用第二至第十大股东股权比例之和与第一大股东股权比例之比代表，现金股利支付率为因变量，股权集中度、股权制衡度及相关财务、治理变量等为自变量，股权集中度对现金股利相关关系模型如式（5.5），股权制衡度对现金股利相关关系模型如式（5.6），股权制衡度在股权集中度与现金股利之间调节作用模型如式（5.7），股权集中度与股权制衡度交互对现金股利的作用模型如式（5.8）。

$$\text{dividendrate}x_{it}=a_0+a_1\times \text{totalownership}x_{it}+a_2\times \text{lnsize}x_{it}+a_3\times \text{debtratio}x_{it}+a_4\times \text{revgrowth}x_{it}+a_5\times \textit{inddirectorrate}x_{it}+a_6\times \text{exe3salarybyasset}x_{it}+\text{dummy } \textit{year}+\text{dummy indcd}+\varepsilon_{it} \quad (5.5)$$

$$\text{dividendrate}x_{it}=a_0+a_1\times \text{updowntotalzindex1\_2to10}x_{it}+a_2\times \text{lnsize}x_{it}+a_3\times \text{debtratio}x_{it}+a_4\times \text{revgrowth}x_{it}+a_5\times \text{inddirectorrate}x_{it}+a_6\times \text{exe3salarybyasset}x_{it}+\text{dummy } \textit{year}+\text{dummy indcd}+\varepsilon_{it} \quad (5.6)$$

$$\text{dividendrate}x_{it}=a_0+a_1\times \text{totalownership}x_{it}+a_2\times \text{updowntotalzindex1\_2to10}x_{it}+a_3\times \text{lnsize}x_{it}+a_4\times \text{debtratio}x_{it}+a_5\times \text{revgrowth}x_{it}+a_6\times \text{inddirectorrate}x_{it}+a_7\times \text{exe3salarybyasset}x_{it}+\text{dummy } \textit{year}+\text{dummy indcd}+\varepsilon_{it} \quad (5.7)$$

$$\text{dividendrate}x_{it}=a_0+a_1\times \text{totalownership}x_{it}+a_2\times \text{updowntotalzindex1\_2to10}x_{i}+a_3\times \text{totalownership}x_{it}\times \text{updowntotalzindex1\_}2to\text{10}x_{i}+a_4\times \text{lnsize}x_{it}+a_5\times \text{debtratio}x_{it}+a_6\times \text{revgrowth}x_{it}+a_7\times \text{inddirectorrate}x_{it}+a_8\times \text{exe3salarybyasset}x_{it}+\text{dummy } \textit{year}+\text{dummy indcd}+\varepsilon_{it} \quad (5.8)$$

5.2.1 全样本组

totalownershipx_{it} × updowntotalzindex1_2to10x_{it} 是股权集中度与股权制衡度的交乘项，其中 totalownership1x_{it} × updowntotalzindex1_2*to*10x_{it} 是第一大股东股权集中度与股权制衡度交乘项，totalownership10x_{it} × updowntotalzindex1_2to10x_{it} 是前十大股东股权集中度与股权制衡度交乘项，为消除多重共线性，对交乘项进行了中心化处理，根据式（5.5）（5.6）（5.7）和（5.8），模型回归结果如表 5.9 所示。

表 5.9　股权集中度、股权制衡度与现金股利相关关系

dividendratex_{it}	(1)	(2)	(3)	(4)	(5)	(6)	(7)
totalownership1x_{it}	0.1826*** (10.25)			0.2789*** (11.66)		0.3278*** (10.79)	
totalownership1 0x_{it}		0.2000*** (11.35)			0.2014*** (11.42)		0.2004*** (11.36)
updowntotalzindex1_2to10x_{it}			−0.0097** (−2.39)	0.0325*** (6.01)	−0.0109*** (−2.72)	0.0502*** (5.80)	−0.0111*** (−2.75)
totalownership1x_{it} × updowntotalzindex1_2to10x_{it}						0.0962*** (2.61)	
totalownership10x_{it} × updowntotalzindex1_2to10x_{it}							−0.0521* (−1.94)
lnsizex_{it}	0.0397*** (13.35)	0.0373*** (12.43)	0.0452*** (15.41)	0.0370*** (12.32)	0.0372*** (12.39)	0.0365*** (12.16)	0.0369*** (12.29)
debtratiox_{it}	−0.3111*** (−23.67)	−0.3003*** (−22.70)	−0.3238*** (−24.60)	−0.3017*** (−22.82)	−0.3012*** (−22.77)	−0.3001*** (−22.68)	−0.3014*** (−22.78)
revgrowthx_{it}	−0.0212*** (−4.20)	−0.0258*** (−5.07)	−0.0177*** (−3.50)	−0.0243*** (−4.79)	−0.0253*** (−4.98)	−0.0252*** (−4.96)	−0.0253*** (−4.98)
inddirectorratex_{it}	−0.1342*** (−2.74)	−0.1278*** (−2.61)	−0.1218** (−2.48)	−0.1334*** (−2.73)	−0.1308*** (−2.67)	−0.1324*** (−2.71)	−0.1326*** (−2.71)
exe3salarybyassetx_{it}	34.1789*** (6.87)	28.3294*** (5.69)	34.4208*** (6.85)	30.3313*** (6.06)	29.7804*** (5.94)	29.7557*** (5.94)	29.3520*** (5.85)
year	控制	控制	控制	控制	控制	控制	控制
indcd	控制	控制	控制	控制	控制	控制	控制
_cons	−0.5377*** (−7.32)	−0.5316*** (−7.24)	−0.5729*** (−7.77)	−0.5429*** (−7.40)	−0.5218*** (−7.10)	−0.5560*** (−7.56)	−0.5171*** (−7.03)
N	10997	10997	10997	10997	10997	10997	10997
R^2	0.1104	0.1123	0.1023	0.1134	0.1129	0.1139	0.1132

注：***、**、* 分别代表 1%、5%、10% 显著性水平，括号内为 t 值。

表 5.9 中：栏（1）（2）显示股权集中度与现金股利支付率显著正相关；栏（3）显示股权制衡度与现金股利支付率显著负相关；栏（4）显示股权制衡度对第一大股东股权集中度与现金股利支付率正向关系中起到刺激作用；（5）显示股权制衡度对前十大股东股权集中度与现金股利支付率关系的调节作用不明显；栏（6）显示，当股权集中度为第一大股东股权集中度时，股权制衡度加强了第一大股东股权集中度对现金股利支付率的正向作用，使得股权集中度与股权制衡度交乘项与现金股利支付率显著正相关；栏（7）显示，当股权集中度为前十大股东股权集中度时，股权制衡度抵消了股权集中度对现金股利支付率的正向作用，使得股权集中度与股

权制衡度交乘项显著抑制了现金股利支付率的上升。

5.2.2 国有控股组

在国有控股组样本条件下，为消除多重共线性，对交乘项进行了中心化处理，根据式（5.5）（5.6）（5.7）和（5.8），模型回归结果如表 5.10 所示。

表 5.10 股权集中度、股权制衡度与现金股利相关关系

dividendratex_{it}	（1）	（2）	（3）	（4）	（5）	（6）	（7）
totalownership1x_{it}	0.1624*** （6.66）			0.1890*** （5.76）		0.1958*** （5.07）	
totalownership10x_{it}		0.1321*** （5.28）			0.1345*** （5.38）		0.1356*** （5.40）
updowntotalzindex1_2to10x_{it}			–0.0227*** （–3.55）	0.0104 （1.21）	–0.0236*** （–3.70）	0.0140 （1.02）	–0.0238*** （–3.71）
totalownership1x_{it} × updowntotalzindex1_2to10x_{it}						0.0187 （0.34）	
totalownership1 0x_{it} × updowntotalzindex1_2to10x_{it}							–0.0241 （–0.56）
lnsizex_{it}	0.0369*** （9.42）	0.0349*** （8.64）	0.0417*** （10.72）	0.0359*** （8.99）	0.0355*** （8.78）	0.0357*** （8.85）	0.0355*** （8.79）
debtratiox_{it}	–0.3018*** （–15.88）	–0.3062*** （–16.11）	–0.3134*** （–16.53）	–0.3005*** （–15.78）	–0.3041*** （–16.01）	–0.3007*** （–15.78）	–0.3038*** （–15.98）
revgrowthx_{it}	–0.0064 （–0.91）	–0.0078 （–1.09）	–0.0034 （–0.47）	–0.0071 （–1.00）	–0.0074 （–1.04）	–0.0072 （–1.01）	–0.0075 （–1.05）
inddirectorratex_{it}	–0.0082 （–0.12）	0.0088 （0.13）	–0.0008 （–0.01）	–0.0075 （–0.11）	0.0022 （0.03）	–0.0061 （–0.09）	0.0001 （0.00）
exe3salarybyassetx_{it}	16.0503* （1.79）	10.2219 （1.13）	18.0197** （1.99）	14.7189 （1.63）	13.7078 （1.51）	14.5049 （1.60）	13.6717 （1.51）
year	控制	控制	控制	控制	控制	控制	控制
indcd	控制	控制	控制	控制	控制	控制	控制
_cons	–0.5288*** （–5.41）	–0.4969*** （–5.05）	–0.5513*** （–5.62）	–0.5254*** （–5.37）	–0.4947*** （–5.03）	–0.5248*** （–5.36）	–0.4959*** （–5.04）
N	5658	5658	5658	5658	5658	5658	5658
R^2	0.1161	0.1135	0.1111	0.1163	0.1156	0.1163	0.1157

注：***、**、* 分别代表 1%、5%、10% 显著性水平，括号内为 t 值。

表 5.10 中：栏（1）（2）显示股权集中度与现金股利支付率显著正相关；栏（3）显示股权制衡度与现金股利支付率显著负相关；栏（4）显示在第一大股东股权集中度条件下，股权制衡度与现金股利支付率不相关；栏（5）

显示股权制衡度对前十大股东股权集中度与现金股利支付率关系的调节作用不大；栏（6）（7）显示股权集中度与股权制衡度交互项对现金股利支付率相关性不显著。与全体样本组比较，国有控股组的股权制衡度与股权集中度交互项与股利支付率相关性变得不显著了，这可能与国有控股组股权制衡度较弱有关，建议加强国有控股上市公司股权制衡。

5.3　股权集中度、盈余操纵与现金股利

研究股权集中度与现金股利相关关系、盈余操纵与现金股利相关关系、盈余操纵在股权集中度与现金股利相关关系中的调节作用、股权集中度与盈余操纵联合对现金股利的影响。以应计操纵代表盈余操纵，应计操纵是修正琼斯模型因变量的残差，即实际应计减去拟合应计，修正琼斯模型如下，

$$\mathrm{da}_{it}=a_0+a_1\times\frac{1}{\mathrm{assets}_{it-1}}+a_2\times\frac{\mathrm{fixedvalue}_{it}}{\mathrm{assets}_{it-1}}+a_3\times\frac{\Delta\,\mathrm{rev}_{it}-\Delta\,\mathrm{rec}_{it}}{\mathrm{assets}_{it-1}}+\varepsilon_{it}\quad(5.9)$$

da_{it} 为总应计，等于净利润减去经营活动现金净流量后除以上期末总资产，$\frac{1}{\mathrm{assets}_{it-1}}$等于上期末总资产倒数，$\frac{\mathrm{fixedvalue}_{it}}{\mathrm{assets}_{it-1}}$为固定资产净值除以上期末总资产，$\frac{\Delta\,\mathrm{rev}_{it}-\Delta\,\mathrm{rec}_{it}}{\mathrm{assets}_{it-1}}$为营业收入本期增量减去应收账款本期增量后除以上期末总资产，ε_{it} 为残差。da_{it} 的残差即为应计操纵，daehat_{it} 以表示。股权集中度与现金股利相关关系模型如式（5.10），盈余操纵与现金股利相关关系模型如式（5.11），盈余操纵在股权集中度与现金股利相关关系中的调节作用模型如式（5.12），股权集中度与盈余操纵联合对现金股利的影响模型如式（5.13）。

$$\begin{aligned}\mathrm{divperstk}x_{it}=&a_0+a_1\times\mathrm{totalownership5}x_{it}+a_2\times\mathrm{lnsize}x_{it}+a_3\times\mathrm{debtratio}x_{it}+\\&a_4\times\mathrm{revgrowth}x_{it}+a_5\times\mathrm{inddirectorrate}x_{it}+a_6\times\\&\mathrm{exe3salarybyasset}x_{it}+\mathrm{dummyyear}+\mathrm{dummyindcd}+\varepsilon_{it}\end{aligned}\quad(5.10)$$

$$divperstkx_{it}=a_0+a_1\times daehat_{it}+a_2\times lnsizex_{it}+a_3\times debtratiox_{it}+a_4\times revgrowthx_{it}+a_5\times inddirectorratex_{it}+a_6\times exe3salarybyassetx_{it}+dummyyear+dummyindcd+\varepsilon_{it} \quad (5.11)$$

$$divperstkx_{it}=a_0+a_1\times totalownership5x_{it}+a_2\times daehat_{it}+a_3\times lnsizex_{it}+a_4\times debtratiox_{it}+a_5\times revgrowthx_{it}+a_6\times inddirectorratex_{it}+a_7\times exe3salarybyassetx_{it}+dummyyear+dummyindcd+\varepsilon_{it} \quad (5.12)$$

$$divperstkx_{it}=a_0+a_1\times totalownership5x_{it}+a_2\times daehat_{it}+a_1\times totalownership5x_{it}\times daehat_{it}+a_3\times lnsizex_{it}+a_4\times debtratiox_{it}+a_5\times revgrowthx_{it}+a_6\times inddirectorratex_{it}+a_7\times exe3salarybyassetx_{it}+dummyyear+dummyindcd+\varepsilon_{it} \quad (5.13)$$

5.3.1 全样本组

$divperstkx_{it}$ 为每股现金股利，$totalownership5x_{it}\times daehat_{it}$ 为前五大股东股权集中度与应计操纵交乘项，为消除共线性，对交乘项进行了中心化处理，根据式（5.10）（5.11）（5.12）和（5.13），模型回归结果如表 5.11 所示。

表 5.11 股权集中度、盈余操纵与现金股利相关关系

$divperstkx_{it}$	（1）	（2）	（3）	（4）
$totalownership5x_{it}$	0.1341*** （17.14）		0.1344*** （17.18）	0.1342*** （17.16）
$daehat_{it}$		−0.0339*** （−3.99）	−0.0350*** （−4.18）	−0.0299*** （−3.49）
$totalownership5x_{it}\times daehat_{it}$				−0.1612*** （−2.90）
$lnsizex_{it}$	0.0440*** （33.06）	0.0497*** （37.79）	0.0444*** （33.27）	0.0442*** （33.13）
$debtratiox_{it}$	−0.1638*** （−27.93）	−0.1801*** （−30.46）	−0.1662*** （−28.22）	−0.1653*** （−28.05）
$revgrowthx_{it}$	0.0087*** （3.86）	0.0142*** （6.19）	0.0100*** （4.42）	0.0104*** （4.57）
$inddirectorratex_{it}$	−0.1342*** （−6.18）	−0.1239*** （−5.63）	−0.1328*** （−6.12）	−0.1322*** （−6.09）
$exe3salarybyassetx_{it}$	27.6738*** （12.52）	30.3012*** （13.57）	27.4709*** （12.43）	27.3645*** （12.39）
year	控制	控制	控制	控制
indcd	控制	控制	控制	控制
_cons	−0.8346*** （−25.59）	−0.8806*** （−26.67）	−0.8434*** （−25.83）	−0.8404*** （−25.73）
N	10997	10997	10997	10997
R^2	0.2357	0.2163	0.2369	0.2375

注：*** 代表 1% 显著性水平，括号内为 t 值。

表 5.11 中：栏（1）显示股权集中度与现金股利显著正相关；栏（2）显示应计操纵与现金股利显著负相关；栏（3）显示应计操纵对股权集中度与现金股利相关关系的调节作用不明显；栏（4）显示应计操纵抵消了股权集中度对现金股利的正向作用，使得股权集中度与应计操纵交互项对现金股利的影响显著负相关，所以，要提高现金股利，应有效抑制应计操纵。

5.3.2　国有控股组

在国有控股组样本条件下，根据式（5.10）和（5.11），模型回归结果如表 5.12 所示。

表 5.12　股权集中度、盈余操纵与现金股利相关关系

$divperstkx_{it}$	（1）	（2）
$totalownership5x_{it}$	0.0961*** （8.64）	
$daehat_{it}$		0.0081 （0.53）
$lnsizex_{it}$	0.0417*** （23.20）	0.0459*** （26.34）
$debtratiox_{it}$	−0.1817*** （−21.42）	−0.1876*** （−21.86）
$revgrowthx_{it}$	0.0190*** （5.99）	0.0213*** （6.67）
$inddirectorratex_{it}$	−0.1143*** （−3.78）	−0.1140*** （−3.74）
$exe3salarybyassetx_{it}$	24.2999*** （6.04）	27.0636*** （6.70）
year	控制	控制
indcd	控制	控制
_cons	−0.8042*** （−18.31）	−0.8427*** （−19.13）
N	5658	5658
R^2	0.2666	0.2568

注：*** 代表 1% 显著性水平，括号内为 t 值。

表 5.12 中：栏（1）显示股权集中度与每股现金股利显著正相关；栏（2）显示操纵应计与每股现金股利不相关，由于不相关，不再研究股权集中度与操纵应计交互对现金股利的影响。

5.4 股权集中度、会计稳健性与现金股利

研究股权集中度与现金股利相关关系、会计稳健性与现金股利相关关系、会计稳健性在股权集中度与现金股利相关关系中的调节作用、股权集中度与会计稳健性联合对现金股利的影响。以 Khan 和 Watts（2009）对 Basu（1997）盈余报酬逆向回归模型改进而得到的 cscore 作为会计稳健性指标。Basu 盈余报酬逆向回归模型如下，

$$\frac{\mathrm{eps}_{it}}{p_{it-1}}=a_0+a_1\times \mathrm{dr}_{it}+a_2\times \mathrm{ret}_{it}+a_3\times \mathrm{drret}_{it}+\varepsilon_{it} \tag{5.14}$$

eps_{it} 为每股盈余，p_{it-1} 为期初股价，ret_{it} 为减去年度市场投资报酬率的年度个股投资报酬率，当 ret_{it} 小于零时为坏消息，dr_{it} 为虚拟变量，坏消息时，dr_{it} 等于 1，其他条件下，dr_{it} 等于 0，drret_{it} 为 dr_{it} 和 ret_{it} 的交乘项，令

$$a_2=\lambda_0+\lambda_1\times \mathrm{mtb}_{it}+\lambda_2\times \mathrm{size}_{it}+\lambda_3\times \mathrm{lev}_{it} \tag{5.15}$$

$$a_3=\omega_0+\omega_1\times \mathrm{mtb}_{it}+\omega_2\times \mathrm{size}_{it}+\omega_3\times \mathrm{lev}_{it} \tag{5.16}$$

mtb_{it} 为市净率，size_{it} 为资产规模，lev_{it} 为资产负债率，将式（5.15）和（5.16），代入式（5.14）模型中，得到下式，

$$\begin{aligned}\frac{\mathrm{eps}_{it}}{p_{it-1}}&=a_0+a_1\times \mathrm{dr}_{it}+（\lambda_0+\lambda_1\times \mathrm{mtb}_{it}+\lambda_2\times \mathrm{size}_{it}+\lambda_3\times \mathrm{lev}_{it}）\times \mathrm{ret}_{it}+\\&\quad（\omega_0+\omega_1\times \mathrm{mtb}_{it}+\omega_2\times \mathrm{size}_{it}+\omega_3\times \mathrm{lev}_{it}）\times \mathrm{drret}_{it}+\varepsilon_{it}\\&=a_0+a_1\times \mathrm{dr}_{it}+\lambda_0\times \mathrm{ret}_{it}+\lambda_1\times \mathrm{mtb}_{it}\times \mathrm{ret}_{it}+\lambda_2\times \mathrm{size}_{it}\times \mathrm{ret}_{it}+\\&\quad\lambda_3\times \mathrm{lev}_{it}\times \mathrm{ret}_{it}+\omega_0\times \mathrm{drret}_{it}+\omega_1\times \mathrm{mtb}_{it}\times \mathrm{drret}_{it}+\omega_2\times \mathrm{size}_{it}\times \mathrm{drret}_{it}+\\&\quad\omega_3\times \mathrm{lev}_{it}\times \mathrm{drret}_{it}+\varepsilon_{it}\end{aligned} \tag{5.17}$$

回归后得到 ω_0、ω_1、ω_2、ω_3，再带回式（5.16）得到的 a_3 即为 cscore。

股权集中度与现金股利相关关系模型如式（5.18），会计稳健性与现金股利相关关系模型如式（5.19），会计稳健性在股权集中度与现金股利相关关系中的调节作用模型如式（5.20），股权集中度与会计稳健性联合对现金股利的影响模型如式（5.21）。

$$\mathrm{dividendratex}_{it}=a_0+a_1\times \mathrm{totalownership5x}_{it}+a_2\times \mathrm{revgrowthx}_{it}+a_3\times \mathrm{inddirectorratex}_{it}+$$

$$a_4 \times \text{exe3salarybyasset}x_{it}+\text{dummyyear}+\text{dummyindcd}+\varepsilon_{it} \quad (5.18)$$

$$\text{dividendrate}x_{it}=a_0+a_1 \times \text{cscore}_{it}+a_2 \times \text{revgrowth}x_{it}+a_3 \times \text{inddirectorrate}x_{it}+a_4 \times \text{exe3salarybyasset}x_{it}+\text{dummyyear}+\text{dummyindcd}+\varepsilon_{it} \quad (5.19)$$

$$\text{dividendrate}x_{it}=a_0+a_1 \times \text{totalownership5}x_{it}+a_2 \times \text{cscore}_{it}+a_3 \times \text{revgrowth}x_{it}+a_4 \times \text{inddirectorrate}x_{it}+a_5 \times \text{exe3salarybyasset}x_{it}+\text{dummyyear}+\text{dummyindcd}+\varepsilon_{it} \quad (5.20)$$

$$\text{dividendrate}x_{it}=a_0+a_1 \times \text{totalownership5}x_{it}+a_2 \times \text{cscore}_{it}+a_3 \times \text{totalownership5}x_{it} \times \text{cscore}_{it}+a_4 \times \text{revgrowth}x_{it}+a_5 \times \text{inddirectorrate}x_{it}+a_6 \times \text{exe3salarybyasset}x_{it}+\text{dummyyear}+\text{dummyindcd}+\varepsilon_{it} \quad (5.21)$$

5.4.1　全样本组

dividendratex$_{it}$以现金股利支付率代表现金股利，*totalownership5x*$_{it}$ × *cscore*$_{it}$为前五大股东股权集中度与会计稳健性交乘项，为消除共线性，对交乘项进行了中心化处理，根据式（5.18）、（5.19）、（5.20）和（5.21），模型回归结果如表 5.13 所示。

表 5.13　股权集中度、会计稳健性与现金股利相关关系

divperstkx_{it}	（1）	（2）	（3）	（4）
totalownership5x_{it}	0.2854*** （16.29）		0.1946*** （11.02）	0.2075*** （11.66）
cscore$_{it}$		−1.5779*** （−24.84）	−1.4075*** （−21.64）	−1.4082*** （−21.68）
totalownership5x_{it} × cscore$_{it}$				1.6807*** （5.30）
revgrowthx_{it}	−0.0257*** （−4.96）	−0.0197*** （−3.89）	−0.0260*** （−5.12）	−0.0268*** （−5.27）
rrectorratex_{it}	−0.1033** （−2.06）	−0.1266** （−2.57）	−0.1406*** （−2.86）	−0.1277*** （−2.60）
exe3salarybyassetx_{it}	12.7387*** （3.09）	57.3355*** （12.75）	54.5054*** （12.16）	56.0328*** （12.50）
year	控制	控制	控制	控制
indcd	控制	控制	控制	控制

续表

divperstkx_{it}	(1)	(2)	(3)	(4)
_cons	0.0581 (1.32)	0.2478*** (5.85)	0.1459*** (3.38)	0.1313*** (3.04)
N	10997	10997	10997	10997
R^2	0.0662	0.0947	0.1047	0.1070

注：***、** 分别代表 1%、5% 显著性水平，括号内为 t 值。

表 5.13 中：栏（1）显示股权集中度与现金股利显著正相关；栏（2）显示会计稳健性与现金股利显著负相关；栏（3）显示会计稳健性在股权集中度与现金股利正相关关系中具有削弱作用；栏（4）显示股权集中度与会计稳健性联合对现金股利的影响为显著正相关，说明会计稳健性对现金股利有抑制作用，但整体不能改变股权集中度对现金股利的刺激作用。

5.4.2 国有控股组

在国有控股组样本条件下，为消除共线性，对交乘项进行了中心化处理，根据式（5.18）、（5.19）、（5.20）和（5.21），模型回归结果如表 5.14 所示。

表 5.14 股权集中度、会计稳健性与现金股利相关关系

dividendratex_{it}	(1)	(2)	(3)	(4)
totalownership5x_{it}	0.2022*** (8.23)		0.1098*** (4.45)	0.1202*** (4.83)
cscore$_{it}$		−1.2860*** (−17.55)	−1.2080*** (−16.06)	−1.2210*** (−16.22)
totalownership5x_{it} × cscore$_{it}$				1.2054*** (3.12)
revgrowthx_{it}	−0.0082 (−1.12)	−0.0059 (−0.84)	−0.0090 (−1.27)	−0.0097 (−1.36)
rrectorratex_{it}	0.0432 (0.62)	−0.0214 (−0.32)	−0.0257 (−0.38)	−0.0115 (−0.17)
exe3salarybyassetx_{it}	−6.1722 (−0.82)	37.0377*** (4.73)	36.9426*** (4.73)	37.9256*** (4.86)
year	控制	控制	控制	控制
indcd	控制	控制	控制	控制
_cons	0.0518 (0.85)	0.2043*** (3.47)	0.1494** (2.49)	0.1403** (2.34)
N	5658	5658	5658	5658
R^2	0.0674	0.1054	0.1085	0.1101

注：***、** 分别代表 1%、5% 显著性水平，括号内为 t 值。

表 5.14 中：栏（1）显示股权集中度与现金股利支付率显著正相关；栏（2）显示会计稳健性与现金股利支付率显著负相关；栏（3）显示会计稳健性使得股权集中度与现金股利支付率正相关程度下降；栏（4）显示会计稳健性抑制了现金股利支付率的上升，但股权集中度与会计稳健性交互项与现金股利支付率显著正相关。启示：会计稳健性应适度，过度时，会过分抑制现金股利支付率，不足时，现金股利支付率又可能会过高。

5.5　股权集中度、非效率投资与现金股利

研究股权集中度与现金股利相关关系、非效率投资与现金股利相关关系、非效率投资在股权集中度与现金股利相关关系中的调节作用、股权集中度与非效率投资联合对现金股利的影响。以 Richardson（2006）投资效率模型投资残差为非效率投资指标。Richardson 投资效率模型如下，

$$\frac{\mathrm{inv}_{it}}{\mathrm{assets}_{it-1}}=a_0+a_1\times\frac{\mathrm{inv}_{it-1}}{\mathrm{assets}_{it-2}}+a_2\times ret_{it-1}+a_3\times\frac{\mathrm{cash}_{it-1}}{\mathrm{assets}_{it-1}}+a_4\times\mathrm{lnsize}_{it-1}+ a_5\times\mathrm{lev}_{it-1}+a_6\times\mathrm{growth}_{it-1}+a_7\times\mathrm{age}_{it-1}+ \mathrm{dummyyear}+\mathrm{dummyindcd}+\varepsilon_{it} \tag{5.22}$$

inv_{it} 为本期购买固定资产、无形资产和其他资产所发生支出，$\frac{\mathrm{inv}_{it}}{\mathrm{assets}_{it-1}}$ 为本期投资支出除以上期末总资产，除以上期末总资产目的是消除异方差，$\frac{\mathrm{inv}_{it-1}}{\mathrm{assets}_{it-2}}$ 为 $\frac{\mathrm{inv}_{it}}{\mathrm{assets}_{it-1}}$ 的上一期值，ret_{it-1} 为剔出年度市场投资报酬率后年度个股投资报酬率的上一期值，$\frac{\mathrm{cash}_{it-1}}{\mathrm{assets}_{it-1}}$ 为本期现金余额除以本期总资产所得值的上一期值，lnsize_{it-1} 为资产自然对数上一期值，lev_{it-1} 为资产负债率上一期值，growth_{it-1} 为收入增长率的上一期值，age_{it-1} 为上市公司上市以来存在年份的上一期值，dummyyear 为年份虚拟变量，dummyindcd 为行业虚拟变量，ε_{it} 为残差。Richardson 投资效率模型以随机游走模型为基础，添加相关控制变量后进行回归，取因变量残差作为非效率投资指标。随机游走模型如下，

$$x_{it}=a_0+a_1x_{it-1}+\varepsilon_{it} \tag{5.23}$$

在 Richardson 投资效率模型中，$\frac{\text{inv}_{it}}{\text{assets}_{it-1}}$ 即为式（5.23）中的 x_{it}，$\frac{\text{inv}_{it-1}}{\text{assets}_{it-2}}$ 为式中的 x_{it-1}，其他变量是相关控制变量。

股权集中度与现金股利相关关系模型如式（5.24），非效率投资与现金股利相关关系模型如式（5.25），非效率投资在股权集中度与现金股利相关关系中的调节作用模型如式（5.26），股权集中度与非效率投资联合对现金股利的影响模型如式（5.27）。

$$\begin{aligned}\text{dividendratex}_{it}=&a_0+a_1\times\text{totalownership5x}_{it}+a_2\times\text{debtratiox}_{it}+a_3\times\\&\text{exe3salarybyassetx}_{it}+a_4\times\text{freecash}_{it}+a_5\times\text{tunnel}_{it}+\\&\text{dummyyear}+\text{dummyindcd}+\varepsilon_{it}\end{aligned} \tag{5.24}$$

$$\begin{aligned}\text{dividendratex}_{it}=&a_0+a_1\times\text{invehat}_{it}+a_2\times\text{debtratiox}_{it}+a_3\times\text{exe3salarybyassetx}_{it}+\\&a_4\times\text{freecash}_{it}+a_5\times\text{tunnel}_{it}+\text{dummyyear}+\text{dummyindcd}+\\&\varepsilon_{it}\end{aligned} \tag{5.25}$$

$$\begin{aligned}\text{dividendratex}_{it}=&a_0+a_1\times\text{totalownership5x}_{it}+a_2\times\text{invehat}_{it}+a_3\times\text{debtratiox}_{it}+\\&a_4\times\text{exe3salarybyassetx}_{it}+a_5\times\text{freecash}_{it}+a_6\times\text{tunnel}_{it}+\\&\text{dummyyear}+\text{dummyindcd}+\varepsilon_{it}\end{aligned} \tag{5.26}$$

$$\begin{aligned}\text{dividendratex}_{it}=&a_0+a_1\times\text{totalownership5x}_{it}+a_2\times\text{invehat}_{it}+a_3\times\text{totalownership5x}_{it}\times\\&\text{invehat}_{it}+a_4\times\text{debtratiox}_{it}+a_5\times\text{exe3salarybyassetx}_{it}+a_6\times\text{freecash}_{it}+\\&a_7\times\text{tunnel}_{it}+\text{dummyyear}+\text{dummyindcd}+\varepsilon_{it}\end{aligned} \tag{5.27}$$

5.5.1 全样本组

以现金股利支付率 $\text{dividendratex}_{it}$ 代表现金股利，$\text{totalownership5x}_{it}\times\text{invehat}_{it}$ 为前五大股东股权集中度与非效率投资交乘项，为消除共线性，对交乘项进行了中心化处理，freecash_{it} 为自由现金流量，等于本期经营活动现金流量除以上期末总资产后减去 Richardson 投资效率模型拟合投资值，tunnel_{it} 为大股东隧道挖掘变量，等于其他应收款除以本期总资产，根据式

（5.24）、（5.25）、（5.26）和（5.27），模型回归结果如表 5.15 所示。

表 5.15　股权集中度、非效率投资与现金股利相关关系

$divperstkx_{it}$	（1）	（2）	（3）	（4）
$totalownership5x_{it}$	0.2366*** （13.76）		0.2382*** （13.85）	0.2355*** （13.67）
$invehat_{it}$		−0.0401* （−1.93）	−0.0507** （−2.46）	−0.0171 （−0.69）
$totalownership5x_{it} \times invehat_{it}$				−0.3559** （−2.49）
$debtratiox_{it}$	−0.2461*** （−18.51）	−0.2574*** （−19.21）	−0.2442*** （−18.34）	−0.2441*** （−18.34）
$exe3salarybyassetx_{it}$	−1.4433 （−0.34）	−5.6045 （−1.32）	−1.9511 （−0.46）	−1.3244 （−0.31）
$freecash_{it}$	0.0433*** （3.15）	0.0674*** （4.59）	0.0554*** （3.80）	0.0690*** （4.43）
$tunnel_{it}$	−0.1817*** （−4.99）	−0.2063*** （−5.62）	−0.1854*** （−5.09）	−0.1822*** （−5.00）
year	控制	控制	控制	控制
indcd	控制	控制	控制	控制
_cons	0.1881*** （4.64）	0.32212*** （8.12）	0.1867*** （4.61）	0.1875*** （4.63）
N	10997	10997	10997	10997
R^2	0.1010	0.0858	0.1015	0.1021

注：***、**、* 分别代表 1%、5%、10% 显著性水平，括号内为 t 值。

表 5.15 中：栏（1）显示股权集中度与现金股利显著正相关；栏（2）显示非效率投资与现金股利显著负相关；栏（3）显示非效率投资在股权集中度与现金股利相关关系中调节作用不明显；栏（4）显示非效率投资对现金股利的抑制作用抵消了股权集中度对现金股利的刺激作用，使得股权集中度与非效率投资联合对现金股利形成负相关关系。所以，要提高现金股利支付水平，应有效抑制非效率投资。

5.5.2　国有控股组

在国有控股组样本条件下，根据式（5.24）和（5.25），模型回归结果如表 5.16 所示。

表 5.16　股权集中度、非效率投资与现金股利相关关系

$dividendratex_{it}$	(1)	(2)
$totalownership5x_{it}$	0.1784*** (7.41)	
$invehat_{it}$		−0.0168 (−0.39)
$debtratiox_{it}$	−0.2506*** (−13.10)	−0.2511*** (−13.02)
$exe3salarybyassetx_{it}$	−27.9323*** (−3.67)	−32.7332*** (−4.29)
$freecash_{it}$	0.0331 (1.32)	0.0526** (2.00)
$tunnel_{it}$	−0.3467*** (−4.79)	−0.3866*** (−5.32)
year	控制	控制
indcd	控制	控制
_cons	0.2272*** (4.05)	0.3206*** (5.84)
N	5658	5658
R^2	0.1050	0.0963

注：***、** 分别代表 1%、5% 显著性水平，括号内为 t 值。

表 5.16 中：栏（1）显示股权集中度与现金股利支付率显著正相关；栏（2）显示非效率投资与现金股利支付率不相关，即国有控股上市公司非效率投资与现金股利分配关联度不高。

5.6　小结

5.6.1　本章变量说明

本章变量说明见表 5.17。

表 5.17　变量说明

变量名称简写	变量含义
$totalownershipx_{it}$	股权集中度
$totalownership1x_{it}$	第一大股东股权比例

续表

变量名称简写	变量含义
totalownership5x_{it}	前五大股东股权比例
totalownership10x_{it}	前十大股东股权比例
updowntotalzindex1_2to10x_t	股权制衡度，即第二至第十大股东股权比例之和与第一大股东股权比例之比
lnsizex_{it}	总资产自然对数
debtratiox_{it}	资产负债率
revgrowthx_{it}	销售增长率
dividendx_{it}	现金股利支付率、每股现金股利或每股股票股利
dividendratex_{it}	现金股利支付率
divperstkx_{it}	每股现金股利
stkdivperstkxx_{it}	每股股票股利
inddirectorratex_{it}	独立董事比例
exe3salarybyassetx_{it}	前三名高管薪酬 / 总资产
year	年份
dummy year	年份虚拟变量
indcd	行业
dummy yeardcd	行业虚拟变量
ε_{it}	残差
daehat$_{it}$	应计操纵

5.6.2　全体样本组

（1）总体看，股权集中度提高可提高股利分配可能性。上市公司股权集中度提高，可显著提高发放现金股利而不发放股票股利的可能性；前五大和前十大股东股权集中度提高，可显著提高发放股票股利而不发放现金股利的可能性，而第一大股东股权集中度与之不相关；股权集中度提高，可显著提高发放现金股利且发放股票股利的可能性。

（2）股权集中度提高可提高上市公司现金股利支付可能性。

（3）股权集中度对现金股利支付率或每股股利显著正相关；第一大股东股权集中度与股票股利显著负相关，而前五大和前十大股东股权集中度与股票股利显著正相关。

（4）现金股利支付率水平由低到高，股权集中度对现金股利支付率的正向作用越强。

（5）股权制衡度与现金股利支付率显著负相关；股权制衡度在第一

大股东股权集中度与现金股利支付率正向关系中起到刺激作用；股权制衡度对前十大股东股权集中度与现金股利支付率关系的调节作用不明显；当股权集中度为第一大股东股权集中度时，股权制衡度加强了第一大股东股权集中度对现金股利支付率的正向作用，使得股权集中度与股权制衡度交乘项与现金股利支付率显著正相关；当股权集中度为前十大股东股权集中度时，股权制衡度抵消了股权集中度对现金股利支付率的正向作用，使得股权集中度与股权制衡度交乘项显著抑制了现金股利支付率的上升。

（6）应计操纵与现金股利显著负相关；应计操纵对股权集中度与现金股利相关关系的调节作用不明显；应计操纵抵消了股权集中度对现金股利的正向作用，使得股权集中度与应计操纵交互项对现金股利的影响显著负相关。所以，要提高现金股利，应有效抑制应计操纵。

（7）会计稳健性与现金股利显著负相关；会计稳健性在股权集中度与现金股利正相关关系中具有削弱作用；股权集中度与会计稳健性联合对现金股利的影响为显著正相关，说明会计稳健性对现金股利有抑制作用，但整体不能改变股权集中度对现金股利的刺激作用。

（8）非效率投资与现金股利显著负相关；非效率投资在股权集中度与现金股利相关关系中调节作用不明显；非效率投资对现金股利的抑制作用抵消了股权集中度对现金股利的刺激作用，使得股权集中度与非效率投资联合对现金股利形成负相关关系。所以，要提高现金股利支付水平，应有效抑制非效率投资。

5.6.3 国有控股组

（1）提高股权集中度可提高现金股利分配可能性。股权集中度提高显著提高了发放现金股利而不发放股票股利的可能性；股权集中度与发放股票股利而不发放现金股利的可能性不相关；股权集中度提高显著提高了发放现金股利又发放股票股利的可能性。

（2）提高股权集中度可显著提高现金股利发放可能性。

（3）股权集中度与现金股利支付显著正相关；第一大股东股权集中

度与股票股利显著负相关，前五大股东股权集中度与股票股利不相关，前十大股东股权集中度与股票股利显著正相关。

（4）现金股利支付率水平由低到高，股权集中度对现金股利支付率的正向作用显著越来越强。

（5）股权制衡度与现金股利支付率显著负相关；在第一大股东股权集中度条件下，股权制衡度与现金股利支付率不相关；股权制衡度对前十大股东股权集中度与现金股利支付率关系的调节作用不大；股权集中度与股权制衡度交互项对现金股利支付率相关性不显著。这可能与国有控股组股权制衡度较弱有关，建议优化股权结构，加强国有控股上市公司股权制衡。

（6）操纵应计与每股现金股利不相关。

（7）会计稳健性与现金股利支付率显著负相关；会计稳健性使得股权集中度与现金股利支付率正相关程度下降；会计稳健性抑制了现金股利支付率的上升，但股权集中度与会计稳健性交互项与现金股利支付率显著正相关。建议：会计稳健性应适度，过度时，会过分抑制现金股利支付率，不足时，现金股利支付率又可能会过高。

（8）非效率投资与现金股利支付率不相关，即国有控股上市公司非效率投资与现金股利分配关联度不高。

第6章　金字塔股权结构与国有资本收益关系实证研究

6.1　现金流权与股利分配

6.1.1　现金流权与股利分配可能性

（1）现金流权与股利分配可能性

股利分配方案1至方案4含义同前。以方案4为对照，利用多值逻辑回归模型，以股利分配可能性为要素构造因变量，现金流权、资产规模、财务杠杆和成长能力为自变量，现金流权为待考察变量，其余变量为控制变量，考察现金流权对股利分配可能性的影响，多值逻辑回归mlogit模型如下：

$$\text{logit}P_{j/4}=\ln\left[\frac{P(y=j|x)}{P(y=4|x)}\right]=a_0+a_0\times \text{cashflowrights}x_{it}+a_1\times \text{lnsize}x_{it}$$

$$+a_2\times \text{debtratio}x_{it}+a_3\times \text{revgrowth}x_{it}+\varepsilon_{it}\ (j=1,2,3)\quad(6.1)$$

① 全样本组

为股利发放各种方案的可能性，根据式（6.1），多值逻辑回归结果如表6.1所示。

表 6.1　现金流权对股利分配可能性影响

$\ln\left[\frac{P(y=j\|x)}{P(y=4\|x)}\right]$	方案 1	方案 2	方案 3
cashflowrightsx_{it}	1.0342*** (0.1502)	0.6376* (0.3758)	0.9360*** (0.1943)
lnsizex_{it}	0.8999*** (0.0271)	0.2943*** (0.0646)	0.6798*** (0.0341)
debtratiox_{it}	−4.6091*** (0.1473)	−2.8372*** (0.3435)	−5.1144*** (0.1906)
revgrowthx_{it}	0.1074** (0.0546)	0.6401*** (0.0842)	0.4971*** (0.06)
_cons	−17.2379*** (0.5506)	−7.6970*** (1.3165)	−13.4242*** (0.6936)
N	10997	10997	10997
Pseudo R^2	0.1065	0.1065	0.1065

注：***、**、* 分别代表 1%、5%、10% 显著性水平，括号内为标准误。

表 6.1 显示：以方案 4 为参照，终极控制人现金流权在 1% 显著性水平与方案 1 可能性正相关，即提高现金流权可显著提高发放现金股利而不发放股票股利的可能性；现金流权在 10% 显著性水平与方案 2 的可能性正相关，即提高现金流权可显著提高发放股票股利而不发放现金股利的可能性；现金流权在 1% 显著性水平与方案 3 的可能性正相关，即提高现金流权可显著提高发放现金股利且发放股票股利的可能性。

② 国有控股组

在国有控股组样本条件下，根据式（6.1），多元逻辑回归结果如表 6.2。

表 6.2　现金流权对股利分配可能性影响

$\ln\left[\frac{P(y=j\|x)}{P(y=4\|x)}\right]$	方案 1	方案 2	方案 3
cashflowringhtsx_{it}	0.9006*** (0.2079)	0.0869 (0.5951)	0.3430 (0.3146)
lnsizex_{it}	0.8020*** (0.0337)	0.1434 (0.092)	0.6680*** (0.0480)
debtratiox_{it}	−4.5382*** (0.2044)	−1.9617*** (0.5282)	−3.8853*** (0.2998)
revgrowthx_{it}	0.3460*** (0.081)	0.7134*** (0.1405)	0.5826*** (0.0992)
_cons	−15.2034*** (0.6914)	−4.8926** (1.9004)	−14.0687*** (0.9894)

续表

$\ln\left[\frac{P(y=j\|x)}{P(y=4\|x)}\right]$	方案 1	方案 2	方案 3
N	5658	5658	5658
Pseudo R^2	0.1044	0.1044	0.1044

注：***、** 分别代表 1%、5% 显著性水平，括号内为标准误。

表 6.2 显示：栏（1）显示现金流权与方案 1 可能性显著正相关，即提高现金流权显著提高了发放现金股利而不发放股票股利的可能性；栏（2）、（3）显示现金流权与方案 2 和方案 3 的可能性不相关，即现金流权与发放股票股利而不发放现金股利的可能性以及与发放现金股利且发放股票股利的可能性不相关。与全体样本组比较，国有控股上市公司终极控制人现金流权更关注发放现金股利的可能性，忽视股票股利发放可能性。

（2）现金流权与现金股利分配可能性

以现金股利支付率是否大于零代表是否发放现金股利。利用二值逻辑回归模型，以现金股利发放可能性为要素构造因变量，现金流权为解释变量，资产规模、财务杠杆和成长能力为控制变量，二值逻辑回归 logit 模型如下，

$$\ln\left[\frac{P(\text{isdividend}_{it})}{1-P(\text{isdividend}_{it})}\right]=a_0+a_0\times \text{cashflowrights}x_{it}+a_1\times \text{lnsize}x_{it}$$
$$+a_2\times \text{debtratio}x_{it}+a_3\times \text{revgrowth}x_{it}+\varepsilon_{it} \qquad (6.2)$$

①全样本组

$P(\text{isdividend}_{it})$ 为现金股利发放的可能性，根据式（6.2），二值逻辑回归结果见表 6.3 所示。

表 6.3　现金流权对现金股利分配可能性影响

$\ln\left[\frac{P(\text{isdividend}_{it})}{1-P(\text{isdividend}_{it})}\right]$	回归系数
cashflowrightsx_{it}	0.8345*** （0.1351）
lnsizex_{it}	0.7161*** （0.0236）
debtratiox_{it}	–4.1501*** （0.131）

续表

$\ln\left[\frac{P(\text{isdividend}_{it})}{1-P(\text{isdividend}_{it})}\right]$	回归系数
revgrowthx_{it}	0.1701*** （0.0457）
_cons	-13.3493*** （0.4801）
N	10997
Pseudo R^2	0.1372

注：*** 代表 1% 显著性水平，括号内为标准误。

表 6.3 显示：提升终极现金流权显著提升了上市公司现金股利支付可能性。

②国有控股组

在国有控股组样本条件下，根据式（6.2），二值逻辑回归结果见表 6.4 所示。

表 6.4　现金流权对现金股利分配可能性影响

$\ln\left[\frac{P(\text{isdividend}_{it})}{1-P(\text{isdividend}_{it})}\right]$	回归系数
cashflowrightsx_{it}	0.6701*** （0.1905）
lnsizex_{it}	0.6546*** （0.0298）
debtratiox_{it}	-3.7718*** （0.1834）
revgrowthx_{it}	0.3634*** （0.0717）
_cons	-12.3086*** （0.6132）
N	5658
Pseudo R^2	0.1263

注：*** 代表 1% 显著性水平，括号内为标准误。

表 6.4 显示：国有控股上市公司终极现金流权提升显著提升了上市公司现金股利支付可能性。

6.1.2 现金流权与股利支付

（1）现金流权对股利支付的 OLS 回归影响

以现金股利支付率、每股现金股利、每股股票股利分别作为因变量，现金流权为解释变量，资产规模、财务杠杆和成长能力为控制变量，最小二乘回归模型如下，

$$\text{dividend}x_{it}=a_0+a_0\times \text{cashflowrights}x_{it}+a_1\times \text{lnsize}x_{it}$$
$$+a_2\times \text{debtratio}x_{it}+a_3\times \text{revgrowth}x_{it}+\varepsilon_{it} \qquad (6.3)$$

① 全样本组

dividendx_{it} 代表现金股利支付率 dividendratex_{it}、每股股利 divperstkx_{it}、每股股票股利 stkdivperstkx_{it}，根据式（6.3），普通最小二乘回归结果如表 6.5 所示。

表 6.5 现金流权对股利支付的影响

	dividendratex_{it}	divperstkx_{it}	stkdivperstkx_{it}
cashflowringhtsx_{it}	0.1327*** （8.65）	0.0509*** （7.23）	0.0388*** （2.57）
lnsizex_{it}	0.0262*** （11.76）	0.0330*** （32.24）	−0.0008 （−0.36）
debtratiox_{it}	−0.3150*** （−25.68）	−0.1834*** （−32.60）	−0.1666*** （−13.83）
revgrowthx_{it}	−0.0266*** （−5.29）	0.0113*** （4.88）	0.0580*** （11.74）
_cons	−0.2374*** （−5.15）	−0.5598*** （−26.46）	0.1779*** （3.93）
N	10997	10997	10997
Pseudo R^2	0.0747	0.1500	0.0318

注：*** 代表 1% 显著性水平，括号内为 t 值。

表 6.5 显示：现金流权对现金股利支付率、每股股利或股票股利显著正相关。

② 国有控股组

在国有控股组样本条件下，根据式（6.3），普通最小二乘回归结果如表 6.6 所示。

表 6.6　现金流权对股利支付的影响

	$dividendratex_{it}$	$divperstkx_{it}$	$stkdivperstkx_{it}$
$cashflowrightsx_{it}$	0.1168*** （5.44）	0.0515*** （5.18）	−0.0160 （−0.98）
$lnsizex_{it}$	0.0270*** （9.36）	0.0324*** （24.32）	0.0031 （1.43）
$debtratiox_{it}$	−0.2942*** （−16.55）	−0.1953*** （−23.73）	−0.0349** （−2.57）
$revgrowthx_{it}$	−0.0058 （−0.82）	0.0222*** （6.80）	0.0425*** （7.90）
_cons	−0.2718*** （−4.50）	−0.5496*** （−19.67）	0.0072 （0.16）
N	5658	5658	5658
R^2	0.0636	0.1669	0.0119

注：***、** 分别代表 1%、5% 显著性水平，括号内为 t 值。

表 6.6 中：栏（2）、（3）显示现金流权与现金股利支付率及每股现金股利显著正相关；栏（3）显示现金流权与每股股票股利负相关，但不显著。与全体样本组比较，国有控股上市公司终极控制人现金流权不关注股票股利的发放。

（2）现金流权对现金股利支付率的分位数回归影响

以现金股利支付率为因变量，现金流权为解释变量，控制变量同上，分位数回归模型如下，

$$dividendratex_{it}=a_0+a_0\times cashflowrightsx_{it}+a_1\times lnsizex_{it}+a_2\times debtratiox_{it}+a_3\times revgrowthx_{it}+\varepsilon_{it} \quad (6.4)$$

① 全样本组

分位数选取 30%、50% 和 70%，则分位数回归结果如表 6.7 所示。

表 6.7　现金流权对现金股利支付率的分位数回归

$dividendratex_{it}$	30%	50%	70%
$cashflowrightsx_{it}$	0.0630*** （5.99）	0.1186*** （6.22）	0.1463*** （6.40）
$lnsizex_{it}$	0.0274*** （19.12）	0.0388*** （13.91）	0.0266*** （8.62）

续表

dividendratex_{it}	30%	50%	70%
debtratiox_{it}	−0.1663*** (−18.44)	−0.3506*** (−26.96)	−0.3729*** (−21.24)
revgrowthx_{it}	0.0003 (0.11)	−0.0146*** (−3.35)	−0.0364*** (−8.12)
_cons	−0.4912*** (−17.27)	−0.5646*** (−9.98)	−0.1615** (−2.58)
N	10997	10997	10997
Pseudo R^2	0.0250	0.0778	0.0568

注：***、** 分别代表 1%、5% 显著性水平，括号内为 t 值。

表 6.7 显示：现金股利支付率水平由低到高，现金流权对现金股利支付率的正向作用显著增强。

② 国有控股组

在国有控股组样本条件下，分位数选取 30%、50% 和 70%，则分位数回归结果如表 6.8 所示。

表 6.8　现金流权对现金股利支付率的分位数回归

dividendraex_{it}	30%	50%	70%
cashflowrightsx_{it}	0.0514*** (3.38)	0.0918*** (3.27)	0.1428*** (4.37)
lnsizex_{it}	0.0289*** (22.32)	0.0407*** (17.15)	0.0255*** (7.23)
debtratiox_{it}	−0.1536*** (−10.25)	−0.3854*** (−21.31)	−0.3852*** (−17.57)
revgrowthx_{it}	0.0067 (1.47)	0.0016 (0.22)	−0.003 (−0.31)
_cons	−0.5368*** (−20.73)	−0.5888*** (−10.70)	−0.1409** (−1.97)
N	5658	5658	5658
Pseudo R^2	0.0229	0.0801	0.0535

注：***、** 分别代表 1%、5% 显著性水平，括号内为 t 值。

表 6.8 显示：现金股利支付率水平由低到高，现金流权对现金股利支付率的正向作用显著增强，这与全体样本组特征相同。

6.2　现金流权、表决权与现金股利

研究现金流权对现金股利的相关关系、表决权对现金股利相关关系、表决权在现金流权与现金股利之间的作用，如果存在中介作用，就不再研究现金流权与表决权联合对现金股利的作用。现金股利支付率为因变量，现金流权、表决权及相关财务、治理变量等为自变量，现金流权对现金股利相关关系模型如式（6.5），表决权对现金股利相关关系模型如式（6.6），表决权在现金流权与现金股利之间的作用模型如式（6.7）。

$$\begin{aligned} \text{dividendrate}x_{it} = {} & a_0+a_1\times \text{cashflowrights}x_{it}+a_2\times \text{lnsize}x_{it}+a_3\times \text{debtratio}x_{it}+ \\ & a_4\times \text{revgrowth}x_{it}+a_5\times \text{inddirectorrate}x_{it}+a_6\times \\ & \text{exe3salarybyasset}x_{it}+\text{dummy year}+\text{dummy indcd}+\varepsilon_{it} \end{aligned} \tag{6.5}$$

$$\begin{aligned} \text{dividendrate}x_{it} = {} & a_0+a_1\times \text{votingrights}x_{it}+a_2\times \text{lnsize}x_{it}+a_3\times \text{debtratio}x_{it}+ \\ & a_4\times \text{revgrowth}x_{it}+a_5\times \text{inddirectorrate}x_{it}+a_6\times \\ & \text{exe3salarybyasset}x_{it}+\text{dummy year}+\text{dummy indcd}+\varepsilon_{it} \end{aligned} \tag{6.6}$$

$$\begin{aligned} \text{dividendrate}x_{it} = {} & a_0+a_1\times \text{cashflowrights}x_{it}+a_2\times \text{votingrights}x_{it}+a_3\times \text{lnsize}x_{it}+ \\ & a_4\times \text{debtratio}x_{it}+a_5\times \text{revgrowth}x_{it}+a_6\times \text{inddirectorrate}x_{it}+ \\ & a_7\times \text{exe3salarybyasset}x_{it}+\text{dummy year}+\text{dummy indcd}+\varepsilon_{it} \end{aligned} \tag{6.7}$$

6.2.1　全样本组

根据模型，回归结果如表 6.9。

表 6.9　现金流权、表决权与现金股利相关关系

dividendratex_{it}	（1）	（2）	（3）
cashflowrightsx_{it}	0.1333*** （8.49）		−0.0413 （−1.32）
votingrightsx_{it}		0.1841*** （10.59）	0.2237*** （6.44）
lnsizex_{it}	0.0414*** （13.96）	0.0397*** （13.37）	0.0397*** （13.38）

续表

$dividendratex_{it}$	(1)	(2)	(3)
$debtratiox_{it}$	-0.3069*** (-23.16)	-0.3049*** (-23.10)	-0.3060*** (-23.14)
$revgrowthx_{it}$	-0.0214*** (-4.24)	-0.0225*** (-4.45)	-0.0224*** (-4.44)
$inddirectorratex_{it}$	-0.1482*** (-3.02)	-0.1405*** (-2.87)	-0.1361*** (-2.77)
$exe3salarybyassetx_{it}$	33.3820*** (6.71)	33.5454*** (6.75)	33.5551*** (6.75)
year	控制	控制	控制
indcd	控制	控制	控制
_cons	-0.5426*** (-7.37)	-0.5385*** (-7.33)	-0.5412*** (-7.37)
N	10997	10997	10997
R^2	0.1078	0.1110	0.1111

注：*** 分别代表 1% 显著性水平，括号内为 t 值。

表 6.9 中：栏（1）显示现金流权与现金股利支付率显著正相关；栏（2）显示表决权与现金股利支付率显著正相关；栏（3）显示表决权完全中介了现金流权与现金股利支付率的显著正相关关系，使现金流权与现金股利支付率由显著正相关变得不显著地负相关。

6.2.2 国有控股组

在国有控股组样本条件下，根据模型，回归结果如表 6.10 所示。

表 6.10 现金流权、表决权与现金股利相关关系

$dividendratex_{it}$	(1)	(2)	(3)
$cashflowrightsx_{it}$	0.1021*** (4.56)		-0.0548 (-1.21)
$votingrightsx_{it}$		0.1476*** (5.94)	0.2006*** (3.99)
$lnsizex_{it}$	0.0383*** (9.75)	0.0371*** (9.45)	0.0372*** (9.47)
$debtratiox_{it}$	-0.3038*** (-15.90)	-0.3022*** (-15.87)	-0.3036*** (-15.91)

续表

$dividendratex_{it}$	（1）	（2）	（3）
$revgrowthx_{it}$	-0.0066 （-0.93）	-0.0075 （-1.06）	-0.0073 （-1.03）
$inddirectorratex_{it}$	-0.0165 （-0.24）	-0.0088 （-0.13）	-0.0021 （-0.03）
$exe3salarybyassetx_{it}$	15.2589* （1.70）	14.8532* （1.65）	14.5886 （1.62）
year	控制	控制	控制
indcd	控制	控制	控制
_cons	-0.5305*** （-5.41）	-0.5271*** （-5.38）	-0.5298*** （-5.41）
N	5658	5658	5658
R^2	0.1124	0.1147	0.1149

注：***、* 分别代表 1%、10% 显著性水平，括号内为 t 值。

表 6.10 中：栏（1）显示现金流权与现金股利支付率显著正相关；栏（2）显示表决权与现金股利支付率显著正相关；栏（3）显示表决权完全中介了现金流权与现金股利支付率的相关关系，使现金流权与现金股利支付率由显著正相关，变成不显著的负相关了。这与全体样本组特征相同。

6.3　现金流权、盈余操纵与现金股利

研究现金流权独立及与盈余操纵交互对现金股利的影响。股权集中度与盈余操纵交互对现金股利的影响模型如下：

$$\begin{aligned} dividendratex_{it}=&a_0+a_1\times cashflowrightsx_{it}+a_2\times daehatx_{it}+a_1\times cashflowrightsx_{it}\times \\ &daehat_{it}+a_3\times lnsizex_{it}+a_4\times debtratiox_{it}+a_5\times regrowthx_{it}+ \\ &a_6\times inddirectorratex_{it}+a_7\times exe3salarybyassetx_{it}+ \\ &dummy\ year+dummy\ indcd+\varepsilon_{it} \end{aligned} \quad (6.8)$$

6.3.1　全样本组

现金股利支付率 $dividendratex_{it}$ 代表现金股利，$cashflowrightsx_{it}\times daehat_{it}$ 为现金流权与应计操纵交乘项，为消除共线性，对交乘项进行了中心化处理，模型回归结果如表 6.11 所示。

表 6.11　现金流权、盈余操纵与现金股利相关关系

$dividendratex_{it}$	（1）	（2）	（3）	（4）
$cashflowrightsx_{it}$	0.1333*** （8.49）		0.1337*** （8.52）	0.1339*** （8.53）
$daehat_{it}$		−0.0718*** （−3.78）	−0.0729*** （−3.85）	−0.0707*** （−3.70）
$cashflowrightsx_{it} \times daehat_{it}$				−0.0923 （−0.86）
$lnsizex_{it}$	0.0414*** （13.96）	0.0460*** （15.66）	0.0421*** （14.18）	0.0420*** （14.14）
$debtratiox_{it}$	−0.3069*** （−23.16）	−0.3278*** （−24.80）	−0.3119*** （−23.44）	−0.3111*** （−23.32）
$revgrowthx_{it}$	−0.0214*** （−4.24）	−0.0154*** （−3.01）	−0.0186*** （−3.65）	−0.0186*** （−3.63）
$inddirectorratex_{it}$	−0.1482*** （−3.02）	−0.1164** （−2.37）	−0.1454*** （−2.96）	−0.1452*** （−2.95）
$exe3salarybyassetx_{it}$	33.3820*** （6.71）	32.7064*** （6.55）	32.9705*** （6.63）	32.9741*** （6.63）
year	控制	控制	控制	控制
indcd	控制	控制	控制	控制
_cons	−0.5426*** （−7.37）	−0.5995*** （−8.12）	−0.5611*** （−7.61）	−0.5594*** （−7.59）
N	10997	10997	10997	10997
R^2	0.1078	0.1030	0.1090	0.1090

注：***、** 分别代表 1%、5% 显著性水平，括号内为 t 值。

表 6.11 中：栏（1）显示现金流权与现金股利显著正相关；栏（2）显示操纵应计与现金股利显著负相关；栏（3）显示操纵应计对现金流权与现金股利关系基本没起调节作用；栏（4）显示现金流权与操纵应计交互项对现金股利负相关，但不显著。

6.3.2　国有控股组

在国有控股组样本条件下，模型回归结果如表 6.12 所示。

表 6.12　现金流权、盈余操纵与现金股利相关关系

$dividendratex_{it}$	(1)	(2)
$cashflowrightsx_{it}$	0.1021*** (4.56)	
$daehat_{it}$		−0.0292 (−0.85)
$lnsizex_{it}$	0.0383*** (9.75)	0.0412*** (10.59)
$debtratiox_{it}$	−0.3038*** (−15.90)	−0.3175*** (−16.58)
$revgrowthx_{it}$	−0.0066 (−0.93)	−0.0033 (−0.46)
$inddirectorratex_{it}$	−0.0165 (−0.24)	0.0064 (0.09)
$exe3salarybyassetx_{it}$	15.2589* (1.70)	14.4899 (1.61)
year	控制	控制
indcd	控制	控制
_cons	−0.5305*** (−5.41)	−0.5571*** (−5.67)
N	5658	5658
R^2	0.1124	0.1092

注：***、* 分别代表 1%、10% 显著性水平，括号内为 t 值。

表 6.12 中：栏（1）显示现金流权与现金股利支付率显著正相关；栏（2）显示会计操纵与现金股利支付率负相关，但不显著，由于相关性不显著，不再研究现金流权与会计操纵交互项对现金股利支付率的影响。与全体样本组比，国有控股上市公司会计操纵与现金股利支付率的负向关系由显著变得不显著了。

6.4　现金流权、会计稳健性与现金股利

研究现金流权、会计稳健性独立及交互对现金股利的影响。现金流权、会计稳健性交互对现金股利的影响模型如下，

$$dividendratex_{it}=a_0+a_1\times cashflowrightsx_{it}+a_2\times cscore_{it}+a_3\times cashflowrightsx_{it}\times cscore_{it}+a_4\times revgrowthx_{it}+a_5\times inddirectorratex_{it}+a_6\times exe3salarybyassetx_{it}+dummy\ year+dummy\ indcd+\varepsilon_{it} \quad (6.9)$$

6.4.1 全样本组

以现金股利支付率 dividendratex_{it} 代表现金股利，cashflowrightsx_{it} × cscore$_{it}$ 为现金流权与会计稳健性交乘项，为消除共线性，对交乘项进行了中心化处理，根据式（6.9），模型回归结果如表 6.13 所示。

表 6.13 现金流权、会计稳健性与现金股利相关关系

dividendratex_{it}	（1）	（2）	（3）	（4）
cashflowrightsx_{it}	0.2023*** （12.77）		0.1354*** （8.60）	0.1403*** （8.86）
cscore$_{it}$		−1.5779*** （−24.84）	−1.4750*** （−22.89）	−1.4664*** （−22.74）
cashflowrightsx_{it} × cscore$_{it}$				0.8604*** （2.98）
revgrowthx_{it}	−0.0214*** （−4.11）	−0.0197*** （−3.89）	−0.0231*** （−4.56）	−0.0234*** （−4.62）
inddirectorratex_{it}	−0.1239** （−2.45）	−0.1266** （−2.57）	−0.1563*** （−3.17）	−0.1484*** （−3.01）
exe3salarybyassetx_{it}	14.1235*** （3.40）	57.3355*** （12.75）	57.4455*** （12.81）	58.5702*** （13.02）
year	控制	控制	控制	控制
indcd	控制	控制	控制	控制
_cons	0.1453*** （3.35）	0.2478*** （5.85）	0.2082*** （4.90）	0.2036*** （4.79）
N	10997	10997	10997	10997
R^2	0.0576	0.0947	0.1008	0.1015

注：***、** 分别代表 1%、5% 显著性水平，括号内为 t 值。

表 6.13 中：栏（1）显示现金流权与现金股利显著正相关；栏（2）显示会计稳健性与现金股利显著负相关；栏（3）显示会计稳健性弱化了现金流权对现金股利的正向作用；栏（4）显示会计稳健性弱化了现金流权对现金股利的正相关关系，但现金流权与会计稳健性交互项对现金股利仍呈显著正相关关系，这说明会计稳健要适度，过度稳健会影响正常现金股利发放。

6.4.2　国有控股组

在国有控股组样本条件下，对交乘项进行了中心化处理，根据式（6.9），模型回归结果如表 6.14 所示。

表 6.14　现金流权、会计稳健性与现金股利相关关系

$dividendratex_{it}$	（1）	（2）	（3）	（4）
$cashflowrightsx_{it}$	0.1678*** （7.44）		0.1007*** （4.49）	0.1025*** （4.56）
$cscore_{it}$		−1.2860*** （−17.55）	−1.2251*** （−16.46）	−1.2243*** （−16.45）
$cashflowrightsx_{it} \times cscore_{it}$				0.3339 （0.92）
$revgrowthx_{it}$	−0.0071 （−0.97）	−0.0059 （−0.84）	−0.0088 （−1.23）	−0.0088 （−1.24）
$inddirectorratex_{it}$	0.0165 （0.24）	−0.0214 （−0.32）	−0.0437 （−0.64）	−0.0395 （−0.58）
$exe3salarybyassetx_{it}$	−5.9279 （−0.79）	37.0377*** （4.73）	38.0299*** （4.87）	38.3226*** （4.90）
year	控制	控制	控制	控制
indcd	控制	控制	控制	控制
_cons	0.0982 （1.63）	0.2043*** （3.47）	0.1726*** （2.92）	0.1711*** （2.89）
N	5658	5658	5658	5658
R^2	0.0653	0.1054	0.1086	0.1087

注：*** 代表 1% 显著性水平，括号内为 t 值。

表 6.14 中：栏（1）显示现金流权与现金股利支付率显著正相关；栏（2）显示会计稳健性与现金股利支付率显著负相关；栏（3）显示会计稳健性减弱了现金流权对现金股利支付率正相关关系强度；栏（4）显示现金流权刺激了现金股利支付率，会计稳健性抑制了现金股利支付率，二者交乘项刺激了现金股利支付率，但不显著。与全体样本组比，国有控股组现金流权与会计稳健性交乘项对现金股利支付率正相关系由显著变得不显著了。

6.5 现金流权、非效率投资与现金股利

研究现金流权与非效率投资独立及交互对现金股利的影响。现金流权与非效率投资交互对现金股利的影响模型如下，

$$\text{dividendratex}_{it}=a_0+a_1\times \text{cashflowrightsx}_{it}+a_2\times \text{invehat}_{it}+a_3\times \text{cashflowrightsx}_{it}\times \text{invehat}_{it}+a_4\times \text{debtratiox}_{it}+a_5\times \text{exe3salarybyassetx}_{it}+a_6\times \text{freecash}_{it}+a_7\times \text{tunnel}_{it}+\text{dummy year}+\text{dummy indcd}+\varepsilon_{it} \quad (6.10)$$

6.5.1 全样本组

以现金股利支付率 $\text{dividendratex}_{it}$ 代表现金股利，$\text{cashflowrightsx}_{it}\times \text{invehat}_{it}$ 为现金流权与非效率投资交乘项，为消除共线性，对交乘项进行了中心化处理，根据式（6.10），模型回归结果如表 6.15 所示。

表 6.15 现金流权、非效率投资与现金股利相关关系

$\text{dividendratex}_{it}$	（1）	（2）	（3）	（4）
$\text{cashflowrightsx}_{it}$	0.1536*** （9.87）		0.1536*** （9.87）	0.1528*** （9.82）
invehat_{it}		−0.0401* （−1.93）	−0.0403* （−1.95）	−0.0479** （−2.28）
$\text{cashflowrightsx}_{it}\times\text{invehat}_{it}$				−0.3087** （−2.04）
debtratiox_{it}	−0.2469*** （−18.46）	−0.2574*** （−19.21）	−0.2454*** （−18.33）	−0.2442*** （−18.22）
$\text{exe3salarybyassetx}_{it}$	−0.7603 （−0.18）	−5.6045 （−1.32）	−1.1830 （−0.28）	−0.9914 （−0.23）
freecash_{it}	0.0525*** （3.81）	0.0674*** （4.59）	0.0622*** （4.25）	0.0695*** （4.61）
tunnel_{it}	−0.1844*** （−5.04）	−0.2063*** （−5.62）	−0.1874*** （−5.12）	−0.1872*** （−5.11）
year	控制	控制	控制	控制
indcd	控制	控制	控制	控制
_cons	0.2605*** （6.51）	0.3221*** （8.12）	0.2601*** （6.50）	0.2596*** （6.49）
N	10997	10997	10997	10997
R^2	0.0935	0.0858	0.0938	0.0942

注：***、**、* 分别代表 1%、5%、10% 显著性水平，括号内为 t 值。

表 6.15 中：栏（1）显示现金流权与现金股利显著正相关；栏（2）显示非效率投资与现金股利显著负相关；栏（3）显示非效率投资对现金流权与现金股利相关关系影响不明显；栏（4）显示非效率投资对现金股利负向作用抵消了现金流权对现金股利正向作用，使得现金流权与非效率投资交互项对现金股利呈显著负相关关系。所以，要提高现金股利水平，应有效抑制非效率投资行为。

6.5.2 国有控股组

在国有控股组样本条件下，根据式（6.10），模型回归结果如表 6.16 所示。

表 6.16 现金流权、非效率投资与现金股利相关关系

$dividendratex_{it}$	（1）	（2）
$cashflowrightsx_{it}$	0.1266*** （5.72）	
$invehat_{it}$		−0.0168 （−0.39）
$debtratiox_{it}$	−0.2431*** （−12.65）	−0.2511*** （−13.02）
$exe3salarybyassetx_{it}$	−27.5434*** （−3.60）	−32.7332*** （−4.29）
$freecash_{it}$	0.0406 （1.62）	0.0526** （2.00）
$tunnel_{it}$	−0.3585*** （−4.94）	−0.3866*** （−5.32）
year	控制	控制
indcd	控制	控制
_cons	0.2657*** （4.78）	0.3206*** （5.84）
N	5658	5658
R^2	0.1015	0.0963

注：***、** 分别代表 1%、5% 显著性水平，括号内为 t 值。

表 6.16 中：栏（1）显示现金流权与现金股利支付率显著正相关；栏（2）显示非效率投资与现金股利支付率负相关，但不显著，由于不显著，不再研究现金流权与非效率投资交互对现金股利支付率的影响。与全体样本组

比，国有控股组非效率投资与现金股利支付率关系由显著变得不显著了，这说明国有控股上市公司非效率投资与其经济后果（最终体现为现金分红）关联度不够，应完善公司治理机制，加强对管理层投资业绩考核。

6.6 小结

6.6.1 本章变量说明

本章变量说明见表 6.17。

表 6.17 变量说明

变量名称简写	变量含义
$cashflowrightsx_{it}$	现金流权
$votingrightsx_{it}$	表决权
$lnsizex_{it}$	总资产自然对数
$debtr\ atiox_{it}$	资产负债率
$revgrowthx_{it}$	销售增长率
$dividendr\ atex_{it}$	现金股利支付率
$divper\ stkx_{it}$	每股现金股利
$stkdivpers\ tkx_{it}$	每股股票股利
$inddirectorratex_{it}$	独立董事比例
$exe3salarybyassetx_{it}$	前三名高管薪酬 / 总资产
year	年份
dummyyear	年份虚拟变量
indcd	行业
dummyindcd	行业虚拟变量
$daehat_{it}$	应计操纵
$cocore_{it}$	会计稳健性
$freecash_{it}$	自由现金流
$tnnel_{it}$	其他应收款 / 总资产
$invehat_{it}$	非效率投资
ε_{it}	残差

6.6.2 全样本组

（1）提高现金流权可显著提高发放现金股利而不发放股票股利的可能性；提高现金流权可显著提高发放股票股利而不发放现金股利的可能性；提高现金流权可显著提高发放现金股利且发放股票股利的可能性。

（2）提升终极现金流权显著提升了上市公司现金股利支付可能性。

（3）现金流权对现金股利支付率、每股股利或股票股利显著正相关。

（4）现金股利支付率水平由低到高，现金流权对现金股利支付率的正向作用显著增强。

（5）现金流权与现金股利支付率显著正相关；表决权与现金股利支付率显著正相关；表决权完全中介了现金流权与现金股利支付率的显著正相关关系，使现金流权与现金股利支付率由显著正相关变得不显著地负相关。

（6）操纵会计与现金股利显著负相关；操纵应计对现金流权与现金股利关系基本没起调节作用；现金流权与操纵会计交互项对现金股利负相关，但不显著。

（7）会计稳健性与现金股利显著负相关；会计稳健性弱化了现金流权对现金股利的正向作用；会计稳健性弱化了现金流权对现金股利的正相关关系，但现金流权与会计稳健性交互项对现金股利仍呈显著正相关关系，这说明会计稳健要适度，过度稳健会影响正常现金股利发放。

（8）非效率投资与现金股利显著负相关；非效率投资对现金流权与现金股利相关关系影响不明显；非效率投资对现金股利负向作用抵消了现金流权对现金股利正向作用，使得现金流权与非效率投资交互项对现金股利呈显著负相关关系。所以，要提高现金股利水平，应有效抑制非效率投资行为。

6.6.3　国有控股组

（1）提高现金流权显著提高了发放现金股利而不发放股票股利的可能性；现金流权与发放股票股利而不发放现金股利的可能性以及与发放现金股利且发放股票股利的可能性不相关。与全体样本组比较，国有控股上市公司终极控制人现金流权更关注发放现金股利的可能性，忽视股票股利发放可能性。

（2）终极现金流权提升显著提升了上市公司现金股利支付可能性。

（3）现金流权与现金股利支付率及每股现金股利显著正相关；现金

流权与每股股票股利负相关，但不显著。与全体样本组比较，国有控股上市公司终极控制人现金流权不关注股票股利的发放。

（4）现金股利支付率水平由低到高，现金流权对现金股利支付率的正向作用显著增强。

（5）现金流权与现金股利支付率显著正相关；表决权与现金股利支付率显著正相关；表决权完全中介了现金流权与现金股利支付率的相关关系，使现金流权与现金股利支付率由显著正相关，变成不显著的负相关了。

（6）应计操纵与现金股利支付率负相关，但不显著。

（7）会计稳健性与现金股利支付率显著负相关；会计稳健性减弱了现金流权对现金股利支付率正相关关系强度；现金流权刺激了现金股利支付率，会计稳健性抑制了现金股利支付率，二者交乘项刺激了现金股利支付率，但不显著。与全体样本组比，国有控股组现金流权与会计稳健性交乘项对现金股利支付率正相关系由显著变得不显著了。

（8）非效率投资与现金股利支付率负相关，但不显著。与全体样本组比，国有控股组非效率投资与现金股利支付率关系由显著变得不显著了，这说明国有控股上市公司非效率投资与其经济后果（最终体现为现金分红）关联度不够，应完善公司治理机制，加强对管理层投资业绩考核。

第 7 章　股权结构稳定性与国有资本收益关系实证研究

7.1　股权和股权结构稳定性指标构建

股权稳定性指实际股权流动性趋近于目标股权流动性，若偏差大于零则为流动性过剩（股权过度不稳定），若偏差小于零则流动性不足（股权过度稳定）。股权结构稳定性指股权结构具有在坏消息冲击下使股权流动性不会因恐慌抛盘而增强，反而会减弱的特性。股权结构稳定性是股权结构的一种特性，是在坏消息的冲击下股权结构的反应，导致的结果是股权流动性下降。而股权稳定性是股权流动性实际值向期望值逼近的程度，体现为一种偏差。

7.1.1　股权稳定性指标构建

借鉴 Richardson 投资效率模型思路构建股权稳定性指标。Richardson 投资效率模型以随机游走模型为基础，添加相关控制变量后进行回归，取因变量残差作为非效率投资指标，其模型见式（5.22），随机游走模型见式（5.23）。在 Richardson 投资效率模型中，$\frac{\text{inv}_{it}}{\text{assets}_{it-1}}$即为随机游走模型中的 x_{it}，$\frac{\text{inv}_{it-1}}{\text{assets}_{it-2}}$为 x_{it-1}，其他变量是相关控制变量。

股票换手率可反映股权流动性状况，选用年度股票换手率作为股权流动性替代指标。在股权稳定性模型中，为消除异方差，将年度股票换手率除以年初股价，所形成的指标$\frac{\text{yeartotalstockturnover}x_{it}}{p_{it-1}}$作为随机游走模型中的$x_{it}$，$\frac{\text{yeartotalstockturnover}x_{it}}{p_{it-1}}$的上一期值$\frac{\text{yeartotalstockturnover}x_{it-1}}{p_{it-2}}$作为随机游走模型中的$x_{it-1}$，Richardson 投资效率模型中其他控制变量仍可作为股权稳定性模型中的控制变量，股权稳定性模型构造如下，

$$\frac{\text{yeartotalstockturnover}x_{it}}{p_{it-1}}=a_0+a_1\times\frac{\text{yeartotalstockturnover}x_{it-1}}{p_{it-2}}+a_2\times\text{ret}_{it-1}+a_3\times\frac{\text{cash}_{it-1}}{\text{assets}_{it-1}}+a_4\times\text{lnsize}_{it-1}+a_5\times\text{lev}_{it-1}+a_6\times\text{growth}_{it-1}+a_7\times\text{age}_{it-1}+\text{dummyyear}+\text{dummyindcd}+\varepsilon_{it} \tag{7.1}$$

式（7.1）中因变量残差即为股权稳定性指标，当其大于零，即为股权流动性过度或股权过度不稳定，当其小于零，则为股权流动性不足或股权过度稳定。所以股权稳定性指标测度的是股权流动性实际值与期望值之间的偏差，实际是以股权非稳定的形式来体现的。

7.1.2 股权结构稳定性指标构建

股权结构可分为直接股东股权结构和终极控制股东金字塔股权结构。直接股东股权结构可分为国有股、法人股和个人股，可以股权集中度和股权制衡度代表股权结构特征。金字塔股权结构特征包括所有权、控制权和两权分离度。以股权集中度和股权制衡度代表股权结构特征，并以此为基础构造股权结构稳定性指标。什么股权结构具备稳定特征呢？一种股权结构在坏消息冲击下，仍能使股权流动性保持稳定甚至使流动性下降，而不会因恐慌性抛盘出现股权流动性增强，这种股权结构具有稳定性，在此理念下构造股权结构稳定性指标。这种理念与 Basu（1997）盈余会计稳健性模型理念有相似之处。Basu（1997）模型基本思路是在坏消息冲击下，会计盈余会上升，那么存在会计稳健性。Khan 和 Watts（2009）对 Basu（1997）

模型改进后得到 cscore，cscore 是以市净率、资产规模和财务杠杆为要素在 Basu（1997）模型基础上构造的。将 Basu（1997）模型中因变量“每股盈余除以年初股价”替换成“年度股票换手率除以年初股价”，将 Khan 和 Watts（2009）模型中构成 cscore 的三要素市净率、资产规模和财务杠杆替换成两要素股权集中度和股权制衡度，所得到的指标即为股权结构稳定性指标 oscore。

Khan 和 Watts（2009）对 Basu（1997）模型改进后得到 cscore 的推导过程如下，

Basu 盈余报酬逆向回归模型如下，

$$\frac{\mathrm{eps}_{it}}{p_{it-1}}=a_0+a_1\times\mathrm{dr}_{it}+a_2\times\mathrm{ret}_{it}+a_3\times\mathrm{drret}_{it}+\varepsilon_{it} \tag{7.2}$$

eps_{it} 为每股盈余，p_{it-1} 为期初股价，ret_{it} 为减去年度市场投资报酬率的年度个股投资报酬率，当 ret_{it} 小于零时为坏消息，dr_{it} 为虚拟变量，坏消息时，dr_{it} 等于 1，其他条件下，dr_{it} 等于 0，drret_{it} 为 dr_{it} 和 ret_{it} 的交乘项，令

$$a_2=\lambda_0+\lambda_1\times\mathrm{mtb}_{it}+\lambda_2\times\mathrm{size}_{it}+\lambda_3\times\mathrm{lev}_{it} \tag{7.3}$$

$$a_3=\omega_0+\omega_1\times\mathrm{mtb}_{it}+\omega_2\times\mathrm{size}_{it}+\omega_3\times\mathrm{lev}_{it} \tag{7.4}$$

mtb_{it} 为市净率，size_{it} 为资产规模，lev_{it} 为资产负债率，将式（7.3）和（7.4），代入式（7.2）中，得到下式，

$$\begin{aligned}\frac{\mathrm{eps}_{it}}{p_{it-1}}&=a_0+a_1\times\mathrm{dr}_{it}+(\lambda_0+\lambda_1\times\mathrm{mtb}_{it}+\lambda_2\times\mathrm{size}_{it}+\lambda_3\times\mathrm{lev}_{it})\times\mathrm{ret}_{it}+\\&\quad(\omega_0+\omega_1\times\mathrm{mtb}_{it}+\omega_2\times\mathrm{size}_{it}+\omega_3\times\mathrm{lev}_{it})\times\mathrm{drret}_{it}+\varepsilon_{it} \qquad (7.5)\\&=a_0+a_1\times\mathrm{dr}_{it}+\lambda_0\times\mathrm{ret}_{it}+\lambda_1\times\mathrm{mtb}_{it}\times\mathrm{ret}_{it}+\lambda_2\times\mathrm{size}_{it}\times\mathrm{ret}_{it}+\lambda_3\times\mathrm{lev}_{it}\times\mathrm{ret}_{it}+\\&\quad\omega_0\times\mathrm{drret}_{it}+\omega_1\times\mathrm{mtb}_{it}\times\mathrm{drret}_{it}+\omega_2\times\mathrm{size}_{it}\times\mathrm{drret}_{it}+\omega_3\times\mathrm{lev}_{it}\times\mathrm{drret}_{it}+\varepsilon_{it}\end{aligned}$$

回归后得到 ω_0、ω_1、ω_2、ω_3，再带回式（7.4）得到的 a_3 即为 cscore。由于在坏消息冲击下，会计稳健性体现为每股盈余上升，所以 a_3 为正，即 cscore 为正，代表具有会计稳健性，为负则不具有会计稳健性，随着 cscore 的上升，会计稳健性随之上升。

股权结构稳定性指标由上述推导过程改造后形成，构造过程如下，

$$\frac{yeartotalstockturnoverx_{it}}{p_{it-1}}=a_0+a_1\times dr_{it}+a_2\times ret_{it}+a_3\times drret_{it}+\varepsilon_{it} \quad (7.6)$$

$$a_2=\lambda_0+\lambda_1\times totalownership1x_{it}+\lambda_2\times updowntotalzindex1\_2to10x_{it} \quad (7.7)$$

$$a_3=\omega_0+\omega_1\times totalownership1x_{it}+\omega_2\times updowntotalzindex1\_2to10x_{it} \quad (7.8)$$

$totalownership1x_{it}$ 为第一大股东股权集中度，$updowntotalzindex1\_2to10x_{it}$ 为第二至第十大股东股权比例之和与第一大股东股权比例的比值，将式（7.7）和（7.8），代入式（7.6）中，得到下式，

$$\frac{yeartotalstockturnoverx_{it}}{p_{it-1}}=a_0+a_1\times dr_{it}+(\lambda_0+\lambda_1\times totalownership1x_{it}+\lambda_2\times updowntotalzindex1\_2to10x_{it})\times ret_{it}+(\omega_0+\omega_1\times totalownership1x_{it}+\omega_2\times updowntotalzindex1\_2to10x_{it})\times drret_{it}+\varepsilon_{it} \quad (7.9)$$

$$=a_0+a_1\times dr_{it}+\lambda_0\times ret_{it}+\lambda_1\times totalownership1x_{it}\times ret_{it}+\lambda_2\times updowntotalzindex1\_2to10x_{it}\times ret_{it}+\omega_0\times drret_{it}+\omega_1\times totalownership1x_{it}\times drret_{it}+\omega_2\times updowntotalzindex1\_2to10x_{it}\times drret_{it}+\varepsilon_{it}$$

回归后得到 ω_0、ω_1、ω_2，再带回式（7.8）得到的 a_3 即为 oscore。在坏消息冲击下，股权结构稳定性体现为股票换手率下降，而非因恐慌性抛盘导致股票换手率上升，所以 a_3 为负，即 oscore 为负，代表股权结构具有稳定性，为正则股权结构不具有稳定性，随着 oscore 上升，股权结构稳定性则下降，随着 oscore 下降，股权结构稳定性上升。

7.2 股权结构稳定性与股利分配

7.2.1 股权结构稳定性与股利分配可能性

（1）股权结构稳定性与股利分配可能性

股利分配方案 1 至方案 4 含义同前。以方案 4 为参照组，利用多值逻辑回归模型，以股利分配可能性构造因变量，股权结构稳定性、资产规模、财务杠杆和成长能力为自变量，股权结构稳定性为待考察变量，其余变量为控制变量，考察股权结构稳定性对股利分配可能性的影响，多值逻辑回

归 mlogit 模型如下，

$$\text{logit}P_{j/4}=\ln\left[\frac{p(y=j|x)}{p(y=4|x)}\right]=a_j+b_{j1}\times \text{oscore}_{it}+b_{j2}\times \text{lnsize}x_{it}+$$

$$b_{j3}\times \text{debtratio}x_{it}+b_{j4}\times \text{revgrowth}x_{it}\ (j=1,\ 2,\ 3) \tag{7.10}$$

① 全样本组

$p(y=i|x)$ 为股利发放各种方案的可能性，oscore_{it} 为股权结构稳定性，根据式（7.10），多值逻辑回归结果如表 7.1 所示。

表 7.1　股权结构稳定性对股利分配可能性影响

$\ln\left[\frac{P(y=j\|x)}{P(y=4\|x)}\right]$	方案 1	方案 2	方案 3
oscore_{it}	0.0035*** （0.0003）	0.0044*** （0.0008）	0.0052*** （0.0004）
$\text{lnsize}x_{it}$	0.8879*** （0.0272）	0.2561*** （0.0642）	0.6322*** （0.0342）
$\text{debtratio}x_{it}$	−4.5331*** （0.1478）	−2.6727*** （0.3414）	−4.9000*** （0.1909）
$\text{revgrowth}x_{it}$	0.0702 （0.0548）	0.5850*** （0.0847）	0.4317*** （0.0604）
_cons	−16.3968*** （0.5608）	−6.3933*** （1.3376）	−11.7901*** （0.7087）
N	10997	10997	10997
Pseudo R^2	0.1120	0.1120	0.1120

注：*** 代表 1% 显著性水平，括号内为标准误。

由于 oscore_{it} 上升代表股权结构稳定性下降，下降代表稳定性上升，所以股权结构稳定性指标 oscore_{it} 在模型回归中对应回归系数的方向应反向解释。表 7.1 显示：以方案 4 为参照，股权结构稳定性显著与方案 1、2 和 3 均负相关（反向解释性），即股权结构稳定性越高，发放现金股利而不发放股票股利的可能性越低，发放股票股利而不发放现金股利的可能性越低，发放现金股利又发放股票股利的可能性越低。启示：股权结构稳定性应适度，稳定性越高会导致股利分配可能性越低，稳定性越低则会导致股利分配可能性越高。

② 国有控股组

在国有控股组样本条件下，根据式（7.10），多值逻辑回归结果如表 7.2

所示。

表 7.2　股权结构稳定性对股利分配可能性影响

$ln\left[\frac{P(y=j\|x)}{P(y=4\|x)}\right]$	方案 1	方案 2	方案 3
$oscore_{it}$	0.0025*** （0.0004）	0.0016 （0.0012）	0.0023*** （0.0007）
$lnsizex_{it}$	0.7889*** （0.034）	0.1252 （0.0921）	0.6377*** （0.0485）
$debtratiox_{it}$	-4.5193*** （0.2047）	-1.9115*** （0.5272）	-3.8093*** （0.3）
$revgrowthx_{it}$	0.3293*** （0.0809）	0.6878*** （0.1404）	0.5515*** （0.0991）
_cons	-14.3903*** （0.7121）	-4.3488** （1.9474）	-13.1173*** （1.0310）
N	5658	5658	5658
Pseudo R^2	0.1057	0.1057	0.1057

注：*** 代表 1% 显著性水平，括号内为标准误。

股权结构稳定性指标具有相关系数反向解释性。表 7.2 中：栏（1）显示股权结构稳定性与方案 1 显著负相关（反向解释性），即提高股权结构稳定性降低了发放现金股利而不发放股票股利可能性；栏（2）显示股权结构稳定性与方案 2 不相关，即股权结构稳定性与发放股票股利而不发放现金股利可能性不相关；栏（3）显示股权结构稳定性与方案 3 显著负相关（反向解释性），即提高股权结构稳定性降低了发放现金股利又发放股票股利可能性。与全体样本组比较，国有控股组股权结构稳定性与方案 2 的负相关性（反向解释性）变得不显著了，说明国有控股上市公司股权结构稳定性不关注股票股利发放的可能性。

（2）股权结构稳定性与现金股利分配可能性

以现金股利支付率是否大于零代表是否发放现金股利。利用二值逻辑回归模型，以现金股利发放可能性构造因变量，股权结构稳定性为解释变量，资产规模、财务杠杆和成长能力为控制变量，二值逻辑回归模型如下，

$$\ln\frac{p(isdividend_{it})}{1-p(isdividend_{it})}=a_0+a_0\times oscore_{it}+a_1\times lnsizex_{it}+a_2\times debtratiox_{it}+a_3\times revgrowthx_{it}+\varepsilon_{it} \quad (7.11)$$

① 全样本组

p（isdividend_{it}）为现金股利发放的可能性，根据式（7.11），二值逻辑回归结果见表 7.3。

表 7.3　股权结构稳定性对现金股利分配可能性影响

$\ln\left[\dfrac{p(\text{isdividend}_{it})}{1-p(\text{isdividend}_{it})}\right]$	回归系数
oscore_{it}	0.0033*** （0.0003）
$\text{lnsize}x_{it}$	0.6953*** （0.0237）
$\text{debtratio}x_{it}$	-4.0434*** （0.1314）
$\text{revgrowth}x_{it}$	0.1303*** （0.046）
_cons	-12.4199*** （0.4901）
N	10997
Pseudo R^2	0.1433

注：*** 代表 1% 显著性水平，括号内为标准误。

表 7.3 显示：股权结构稳定性与现金股利分配可能性显著负相关（反向解释性），即股权结构越稳定，现金股利分配可能性越低。启示：股权结构稳定性应适度，稳定性越高，现金股利分配可能性越低，稳定性越低，现金股利分配可能性过高。

② 国有控股组

在国有控股组样本条件下，根据式（7.11），二值逻辑回归结果见表 7.4。

表 7.4　股权结构稳定性对现金股利分配可能性影响

$\ln\left[\dfrac{p(\text{isdividend}_{it})}{1-p(\text{isdividend}_{it})}\right]$	回归系数
oscore_{it}	0.0022*** （0.0004）
$\text{lnsize}x_{it}$	0.6374*** （0.0301）
$\text{debtratio}x_{it}$	-3.7352*** （0.1836）

续表

$\ln\left[\frac{p(\text{isdividend}_{it})}{1-p(\text{isdividend}_{it})}\right]$	回归系数
revgrowthx_{it}	0.3462*** (0.0716)
_cons	-11.5255*** (0.6349)
N	5658
Pseudo R^2	0.1287

注：*** 代表 1% 显著性水平，括号内为标准误。

表 7.4 显示：股权结构稳定性与现金股利分配可能性显著负相关（反向解释性），即股权结构稳定性越高，现金股利分配可能性越低，股权结构稳定性越低，现金股利分配可能性越高，这与全体样本组特征一致。

7.2.2 股权结构稳定性与股利支付

（1）股权结构稳定性对股利支付的 OLS 回归影响

以现金股利支付率、每股现金股利、每股股票股利分别作为因变量，股权结构稳定性为解释变量，资产规模、财务杠杆和成长能力为控制变量，最小二乘回归模型如下，

$$\text{dividend}x_{it}=a_0+a_0\times \text{oscore}_{it}+a_1\times \text{lnsize}x_{it}+a_2\times \text{debtratio}x_{it}+a_3\times \text{revgrowth}x_{it}+\varepsilon_{it} \tag{7.12}$$

①全样本组

dividendx_{it} 代表现金股利支付率 dividendratex_{it}、每股股利 divperstkx_{it}、每股股票股利 stkdivperstkx_{it}，根据式（7.12），普通最小二乘回归结果如表 7.5 所示。

表 7.5 股权结构稳定性对股利支付的影响

	dividendratex_{it}	divperstkx_{it}	stkdivperstkx_{it}
oscore$_{it}$	0.0004*** (12.06)	0.0003*** (17.64)	0.0003*** (9.11)
lnsizex_{it}	0.0244*** (10.99)	0.0302*** (29.98)	-0.0046** (-2.09)

续表

$debtratiox_{it}$	−0.3064*** (−25.00)	−0.1731*** (−31.05)	−0.1530*** (−12.71)
	$dividendratex_{it}$	$divperstkx_{it}$	$stkdivperstkx_{it}$
$revgrowthx_{it}$	−0.0303*** (−6.02)	0.0080*** (3.48)	0.0540*** (10.92)
_cons	−0.1281*** (−2.69)	−0.4688*** (−21.65)	0.2882*** (6.16)
N	10997	10997	10997
Pseudo R^2	0.0806	0.1695	0.0384

注：***、** 代表 1%、5% 显著性水平，括号内为 *t* 值。

表 7.5 显示：股权结构稳定性对现金股利支付率、每股股利或股票股利显著负相关（反向解释性）。启示：股权结构稳定性应适度，稳定性越高，现金股利支付率、每股现金股利或每股股票股利越低，稳定性越低，现金股利支付率、每股现金或股票股利越高。

② 国有控股组

在国有控股组样本条件下，根据式（7.12），普通最小二乘回归结果如表 7.6 所示。

表 7.6　股权结构稳定性对股利支付的影响

	$dividendratex_{it}$	$divperstkx_{it}$	$stkdivperstkx_{it}$
$oscore_{it}$	0.0003*** (6.37)	0.0002*** (10.49)	0.0001** (2.15)
$lnsizex_{it}$	0.0252*** (8.61)	0.0297*** (22.03)	0.0009 (0.40)
$debtratiox_{it}$	−0.2910*** (−16.37)	−0.1883*** (−23.02)	−0.0284** (−2.09)
$revgrowthx_{it}$	−0.0068 (−0.96)	0.0205*** (6.31)	0.0410*** (7.62)
_cons	−0.1692*** (−2.63)	−0.4562*** (−15.44)	0.0533 (1.09)
N	5658	5658	5658
R^2	0.0654	0.1790	0.0126

注：***、** 代表 1%、5% 显著性水平，括号内为 *t* 值。

表 7.6 显示：股权结构稳定性对现金股利支付率、每股股利或股票股利显著负相关（反向解释性）。启示：股权结构稳定性应适度，稳定性越高，

现金股利支付率、每股现金股利或每股股票股利越低，稳定性越低，现金股利支付率、每股现金或股票股利越高。这与全体样本组特征一致。

（2）股权结构稳定性对现金股利支付率的分位数回归影响

以现金股利支付率为因变量，股权结构稳定性为解释变量，控制变量同上，分位数回归模型如下，

$$\text{dividendrate}x_{it}=a_0+a_0\times \text{oscore}_{it}+a_1\times \text{lnsize}x_{it}+a_2\times \text{debtratio}x_{it}+a_3\times \text{revgrowth}x_{it}+\varepsilon_{it} \quad (7.13)$$

①全样本组

分位数选取 30%、50% 和 70%，则分位数回归结果如表 7.7 所示。

表 7.7　股权结构稳定性对现金股利支付率的分位数回归

$\text{dividendrate}x_{it}$	30%	50%	70%
oscore_{it}	0.0002*** （15.64）	0.0004*** （12.45）	0.0005*** （12.38）
$\text{lnsize}x_{it}$	0.0273*** （25.35）	0.0357*** （14.86）	0.02426*** （9.28）
$\text{debtratio}x_{it}$	−0.1603*** （−16.13）	−0.3273*** （−20.49）	−0.3605*** （−15.34）
$\text{revgrowth}x_{it}$	−0.0021 （−1.14）	−0.0206*** （−5.34）	−0.0411*** （−9.63）
_cons	−0.4529*** （−22.23）	−0.4366*** （−8.29）	−0.0284 （−0.49）
N	10997	10997	10997
Pseudo R^2	0.0296	0.0846	0.0634

注：*** 代表 1% 显著性水平，括号内为 t 值。

表 7.7 显示：根据股权结构稳定性指标回归系数方向反向解释性，现金股利支付率水平由低到高，股权结构稳定性对现金股利支付率的抑制作用显著增强。

② 国有控股组

在国有控股组样本条件下，分位数选取 30%、50% 和 70%，则分位数回归结果如表 7.8 所示。

表 7.8　股权结构稳定性对现金股利支付率的分位数回归

dividendratex_{it}	30%	50%	70%
oscore$_{it}$	0.0002*** (6.95)	0.0003*** (6.11)	0.0004*** (8.02)
lnsizex_{it}	0.0277*** (13.30)	0.0402*** (11.17)	0.0244*** (4.68)
debtratiox_{it}	−0.1485*** (−15.14)	−0.3769*** (−18.66)	−0.3826*** (−12.78)
revgrowthx_{it}	0.0058 (1.47)	−0.0021 (−0.27)	−0.0084 (−0.60)
_cons	−0.4802*** (−11.66)	−0.5275*** (−6.26)	−0.0384 (−0.33)
N	5658	5658	5658
Pseudo R^2	0.0254	0.0823	0.0551

注：*** 代表 1% 显著性水平，括号内为 t 值。

表 7.8 显示：现金股利支付率由低到高，股权结构稳定性对现金股利支付率的抑制作用（反向解释性）显著增强，这与全体样本组特征一致，说明股权结构稳定性要适度，过强或过弱均不利于合理现金股利发放。

7.3　小结

7.3.1　本章变量说明

本章变量说明见表 7.9。

表 7.9　变量说明

变量名称简写	变量含义
yeartotalstockturnoverx_{it}	年度股票换手率
yeartotalstockturnoverx_{it-1}	上年度股票换手率
P_{it-1}	年初股价
P_{it-2}	上年初股价
ret$_{it-1}$	上年剔除股票市场回报率的个股回报率
cash$_{it-1}$	上年货币资金
assets$_{it-1}$	上年总资产
lnsize$_{it-1}$	上年总资产自然对数
lev$_{it-1}$	上年资产负债率
growth$_{it-1}$	上年销售增长率

续表

变量名称简写	变量含义
age_{it-1}	上年公司上市年限
dummyyear	年份虚拟变量
dummyindcd	行业虚拟变量
$oscore_{it}$	股权结构稳定性
$lnsizex_{it}$	总资产自然对数
$debtratiox_{it}$	资产负债率
$revgrowthx_{it}$	销售增长率
$dividendratex_{it}$	现金股利支付率
$divperstkx_{it}$	每股现金股利
$stkdivperstkx_{it}$	每股股票股利
ε_{it}	残差

7.3.2 全样本组

（1）股权结构稳定性越高，股利分配可能性越低，稳定性越低，股利分配可能性越高。

（2）股权结构越稳定，现金股利分配可能性越低。

（3）股权结构稳定性越高，现金股利支付率、每股现金股利或每股股票股利越低，稳定性越低，现金股利支付率、每股现金或股票股利越高。

（4）现金股利支付率水平由低到高，股权结构稳定性对现金股利支付率的抑制作用显著增强。

总体看，股权结构稳定性与股利分配可能性及发放水平负相关。

7.3.3 国有控股组

（1）提高股权结构稳定性降低了发放现金股利而不发放股票股利可能性；股权结构稳定性与发放股票股利而不发放现金股利可能性不相关；提高股权结构稳定性降低了发放现金股利又发放股票股利可能性。

（2）现金股利支付率由低到高，股权结构稳定性对现金股利支付率的抑制作用（反向解释性）显著增强。

（3）股权结构稳定性越高，现金股利分配可能性越低，股权结构稳定性越低，现金股利分配可能性越高。

（4）股权结构稳定性越高，现金股利支付率、每股现金股利或每股股票股利越低，股权结构稳定性越低，现金股利支付率、每股现金或股票股利越高。

总体看，股权结构稳定性与股利分配可能性及发放水平负相关，与全体样本组结果一致。由于公司通常是家族控制或国家控制的股权结构集中型企业（LaPorta 等，1999），代理问题主要表现为大股东与小股东间利益冲突，大股东通过支付现金股利对中小股东利益进行侵占（武晓玲和翟明磊，2013），股权制衡度增加可抑制现金股利发放（朱德胜，2010），最优股权结构是多个大股东博弈均衡的结果，股权结构稳定性以股东博弈均衡（即股权制衡）为基础，所以股权结构稳定性与股利分配负相关的实证结果符合理论预期。

第8章　资本结构、股权结构、现金股利优化区间研究

股权结构稳定最终要求是保持公司资源配置最优，而公司资源配置最优最终表现为公司价值最大化。资本结构主要指负债权益结构和股权结构。股权结构受到负债权益结构制约。负债权益结构以资产负债率代表，公司价值用资本回报率或托宾 Q 值代表，现金股利用现金股利支付率代表。股权结构包括直接股东股权结构和间接股东股权结构。直接股东股权结构主要研究了国有股权比例，间接股东股权结构主要研究了金字塔股权结构所有权、控制权和两权分离度。以股权结构为核心，本章主要研究了中国上市公司资产负债率、股权结构、现金股利与公司价值之间关系，探测了使公司价值最大化的资产负债率、国有股权比例、终极所有权、控制权、两权分离度以及现金股利支付率的优化区间，为中国国有企业优化资本结构、完善收益分配提供了有益参考。

8.1　资本结构优化区间研究

8.1.1　问题提出

我国企业融资历经财政拨款型、银行贷款型和融资多元化三个阶段。财政拨款型阶段，企业负债基本为零，是计划经济体制的必然结果，企业

政企不分，机制不活，效率不高。银行贷款型阶段，国有企业负债率越来越高，严重依赖银行，这是“拨改贷”政策迫使国有企业融资结构发生的变化，由于社会市场化程度不高，这种融资结构并不具备最优资金配置效率。融资多元化阶段，由于市场机制建立和不断完善，多元化资金结构越来越多地由市场机制决定。那么在市场条件下，是否存在最佳资金配置结构？或者说是否存在最佳负债权益结构？如果存在的话，什么样的负债权益结构是最佳负债权益结构？以资产负债率代表融资结构的话，问题转化成是否存在最佳资产负债率？如果存在的话，最佳资产负债率是多少？我国企业是否存在最优资本结构？如果找到了最优资本结构，就可以此资本结构为目标资本结构，使实际企业资本结构向目标资本结构调整，实现企业资金配置效率优化。

8.1.2　研究创新点

与 Cheng 等（2010）研究比较，该节资本结构优化实证研究创新点如下。

（1）模型考虑更多控制变量。Cheng 等（2010）的论文以 ROE 为公司价值代理变量，资产负债率为门限变量，控制变量包括资产规模、营业收入增长率和总资产增长率。本书以 ROE 作为模型因变量，资产负债率为核心解释变量，同时为门限变量，控制变量不仅考虑了更多财务变量，还考虑了一些公司治理变量，包括：资产规模、成长能力、资金周转能力、积累能力、现金获取能力、股权集中度、股权制衡度和高管薪酬。

（2）考察了 2006—2013 年期间中国 A 股上市公司相关面板数据。Cheng 等（2010）的论文研究的 650 家中国 A 股上市公司数据期间为 2001—2006 年，通过面板回归模型得出中国 A 股上市公司存在最优资本结构，最优资本结构点为 70.48% 的结论，那么 2006 年之后到现在，中国 A 股上市公司是否还具备同样特征呢？本书考察了 2006—2013 年中国 A 股上市公司相关面板数据，研究结果回答了这个问题。

（3）不仅考察了中国 A 股上市公司，还细化考察了 A 股主板上市公司。Cheng 等（2010）考察的是中国 A 股上市公司资本结构状况。A 股上市公司包括主板、中小板和创业板。本书不仅考察了中国 A 股上市公司，还细化考察了 A 股主板上市公司最优资本结构存在性和存在点的问题。

8.1.3 模型构建和变量说明

Hansen（1999）门限回归思路实质是根据样本数据自动搜寻一个或多个变量突变点。最优资本结构确定基本思路是寻找使公司价值最大化的负债率水平。以资本回报率代表公司价值，资产负债率代表负债率水平，相关财务和公司治理因素作为控制变量。财务控制变量考虑公司规模、营运能力、成长能力、资本积累水平和现金获取能力因素，公司治理控制变量考虑股权集中度、股权制衡度和高管薪酬水平因素。这些财务和治理控制变量对资本回报率水平产生重要影响。不能确定资产负债率变量存在几个门限值，假定存在三个门限值，则资产负债率三门限面板回归模型构建如下，

$$roe_{it}=u_i+\beta_1'debtratio_{it}(debtratio_{it}\leqslant\gamma_1)+\beta_2'debtratio_{it}(\gamma_1<debtratio_{it}\leqslant\gamma_2)+\beta_3'debtratio_{it}(\gamma_2<debtratio_{it}\leqslant\gamma_3)+\beta_4'debtratio_{it}(debtratio_{it}>\gamma_3)+\theta_1lnasset_{it}+\theta_2growth_{it}+\theta_3assetturnover_{it}+\theta_4retainedearning_{it}+\theta_5cashability_{it}+\theta_6ownership5_{it}+\theta_7zindex_{it}+\theta_8exe3salarybyasset_{it}+\varepsilon_{it} \tag{8.1}$$

roe 为被解释变量，u_i 为公司个体效应，$debtratio_{it}$ 为解释变量，同时为门限变量，其他变量为控制变量，ε_{it} 为残差，i 为上市公司，t 为年份。变量说明见表 8.1。

表 8.1 变量说明

变量名称简写	变量含义
roe	资本回报率
debtratio	资产负债率
asset	总资产
ln asset	总资产自然对数
growth	营业收入增长率
assetturnover	总资产周转率
retainedearning	留存盈余比率
cashability	销售商品、提供劳务收到的现金 / 营业收入
ownership5	前五大股东股权集中度：公司前五位大股东持股比例之和

续表

变量名称简写	变量含义
zindex	股权制衡度：公司第一大股东与第二大股东持股比例的比值
exe3salary	前三名高管薪酬
exe3salarybyasset	前三名高管薪酬 / 总资产

8.1.4　数据说明及回归分析

Cheng 等（2010）研究中国 A 股上市公司最优资本结构的数据期间为 2001—2006 年，而之后到目前这段时间，尚无人利用面板门限回归模型，以 ROE 为公司价值代理变量，来研究 A 股最优资本结构存在性及存在点问题。本书研究样本期间为 2006—2013 年，研究对象是 A 股上市公司，此外还研究了 A 股主板上市公司。数据源自国泰安 csmar 数据库。统计软件为 Stata12.0。

（1）A 股上市公司样本的数据说明及回归分析

①数据说明

样本为 2006—2013 年沪深两市 A 股上市公司数据，剔除金融行业、ST 和缺失值，进行了 1% 和 99% 缩尾处理以消除极端值影响，由于面板门限回归要求面板数据，还要剔除 2006 年之后上市的公司以及因数据库厂商提供的数据缺失原因导致不满足面板数据要求的 2006 年及以前成立的公司，然后得到 1211 家上市公司 9688 条面板观测数据。统计描述见表 8.2。

表 8.2　变量的统计描述

变量	样本数	均值	标准差	最小值	最大值
roe	9688	0.064239	0.18729	−1.00465	0.714897
debtratio	9688	0.539633	0.23833	0.045617	1.656466
ln asset	9688	21.7913	1.270269	18.8143	25.3299
growth	9688	0.231906	0.681448	−0.72343	4.654684
assetturnover	9688	0.707552	0.514015	0.051424	2.680694
retainedearning	9688	0.816647	0.257684	−0.44444	1
cashability	9688	1.031797	0.218564	0.414336	1.824356
ownership5	9688	0.486402	0.152177	0.187447	0.884837
zindex	9688	18.99541	34.02538	1.0048	254.2737
exe3salarybyasset	9688	0.000548	0.000665	1.37E−05	0.004606

② 回归结果及分析

对 2006 年至 2013 年 1211 家 A 股上市公司面板数据进行门限回归，结果见表 8.3、表 8.4 和表 8.5。

表 8.3　门限效应检验

门限变量：资产负债率						
单门限检验	F_1 值			53.4172		
	P 值			0.0000		
	10%	5%	1% 临界值	2.6840	3.7374	6.8606
双门限检验	F_2 值			19.9745		
	P 值			0.0000		
	10%	5%	1% 临界值	2.8889	4.5186	6.466
三门限检验	F_3 值			7.8063		
	P 值			0.0133		
	10%	5%	1% 临界值	1.2480	3.6780	7.9812

表 8.3 门限效应检验中，单门限效应的 P 值为 0.0000，说明应拒绝无门限的原假设，至少存在一个门限。双门限效应的 P 值为 0.0000，说明应拒绝存在单门限的原假设，至少存在两个门限。三门限效应的 P 值为 0.0133，说明应拒绝存在双门限的原假设，至少存在三个门限。

表 8.4　门限值及置信区间

门限	估计值	95% 置信区间
γ	0.5556	（0.4726　0.5901）
	0.6664	（0.1845　0.8039）
	0.7365	（0.7315　0.7464）

表 8.4 显示了资产负债率的三个门限值，一个是 55.56%，第二个是 66.64%，第三个是 73.65%。

表 8.5　资产负债率对资本回报率回归估计结果

解释变量	线性回归个体固定效应模型	非线性三门限模型
ln asset	0.0146***（0.0043）	0.0160***（0.0043）
growth	0.0304***（0.0032）	0.0305***（0.0033）
assetturnover	0.0681***（0.0113）	0.0651***（0.0113）
retainedearning	−0.0041（0.0041）	−0.0039（0.0041）
cashability	−0.0158（0.0120）	−0.0133（0.0120）
ownership5	0.2002***（0.0303）	0.1889***（0.0301）

续表

解释变量		线性回归个体固定效应模型	非线性三门限模型
zindex		−0.0001（0.0001）	−0.0000（0.0001）
exe3salarybyasset		20.7732**（9.0350）	23.8857***（9.0780）
debtratio（非门限变量）		−0.1268***（0.0270）	
debtratio（门限变量）	区间 1		0.0555*（0.0315）
	区间 2		0.0057（0.0269）
	区间 3		−0.0287（0.0260）
	区间 4		−0.0975***（0.0274）

注：括号内为标准误，* 代表 10% 显著性水平，** 代表 5% 显著性水平，*** 代表 1% 显著性水平。*P* 值和临界值均采用 Bootstrap 反复抽样 300 次得到的结果。

表 8.5 显示：当资产负债率小于等于 55.56% 时，资产负债率与资本回报率显著正相关；当资产负债率在（55.56%，66.64%］区间时，资产负债率与资本回报率正相关但不显著；当资产负债率在(66.64%，73.65%]区间时，资产负债率与资本回报率负相关，但不显著；当资产负债率大于 73.65% 时，资产负债率与资本回报率显著负相关。可见资产负债率与资本回报率之间呈现倒 U 型关系，这表明最优资本结构是存在的。当资产负债率小于等于 66.64% 时，资产负债率与资本回报率正相关，而当资产负债率大于 66.64% 时，资产负债率与资本回报率开始负相关，拐点出现在 66.64%，但在(55.56%，66.64%］和（66.64%，73.65%］两个区间内，资产负债率与资本回报率的相关性，无论正负都不显著，所以拐点在 66.64% 并不可靠，但可确定最优资本结构点存在于 55.56% 与 73.65% 之间。实证结论是：A 股上市公司存在最优资本结构，最优资本结构点存在于 55.56% 与 73.65% 之间。

（2）A 股主板上市公司样本的数据说明及回归分析

① 数据说明

样本为 2006—2013 年沪深两市 A 股主板上市公司数据，剔除金融行业、ST 和缺失值，进行 1% 和 99% 缩尾处理，剔除 2006 年之后上市的公司以及因数据库厂商提供的数据缺失原因导致不满足面板数据要求的 2006 年及以前成立的公司，得到 1161 家上市公司 9288 条面板观测数据。统计描述见表 8.6。

表 8.6 变量的统计描述

变量	样本数	均值	标准差	最小值	最大值
roe	9288	0.063027	0.188952	−1.00465	0.714897
debtratio	9288	0.545807	0.238482	0.045617	1.656466
ln asset	9288	21.8161	1.276314	18.8143	25.3299
growth	9288	0.229868	0.680973	−0.72343	4.654684
assetturnover	9288	0.706255	0.517098	0.051424	2.680694
retainedearning	9288	0.819705	0.256239	−0.44444	1
cashability	9288	1.032358	0.220713	0.414336	1.824356
ownership5	9288	0.485047	0.152929	0.187447	0.884837
zindex	9288	19.4942	34.54782	1.0048	254.2737
exe3salarybyasset	9288	0.000536	0.000659	1.37E−05	0.004606

② 回归结果及分析

对2006年至2013年1161家A股主板上市公司面板数据进行门限回归，结果见表8.7、表8.8和表8.9。

表 8.7 门限效应检验

门限变量：资产负债率						
单门限检验	F_1 值			54.0252		
	P 值			0.0000		
	10%	5%	1% 临界值	2.6215	3.8502	7.3583
双门限检验	F_2 值			16.0632		
	P 值			0.0000		
	10%	5%	1% 临界值	2.7582	3.9786	6.7930
三门限检验	F_3 值			7.4298		
	P 值			0.0067		
	10%	5%	1% 临界值	2.1187	3.1559	4.7496

表8.7门限效应检验中，单门限效应的P值为0.0000，说明应拒绝无门限的原假设，至少存在一个门限。双门限效应的P值为0.0000，说明应拒绝存在单门限的原假设，至少存在两个门限。三门限效应的P值为0.0067，说明应拒绝存在双门限的原假设，至少存在三个门限。

表 8.8　门限值及置信区间

门限	估计值	95% 置信区间
γ	0.5556	（0.4531　0.6084）
	0.6679	（0.1891　0.8470）
	0.7365	（0.7315　0.7462）

表 8.8 显示了资产负债率的三个门限值，一个是 55.56%，第二个是 66.79%，第三个是 73.65%。

表 8.9　资产负债率对资本回报率回归估计结果

解释变量		线性回归个体固定效应模型	非线性三门限模型
ln asset		0.0132***（0.0045）	0.0147***（0.0045）
growth		0.0307***（0.0034）	0.0308***（0.0034）
assetturnover		0.0661***（0.0115）	0.0629***（0.0115）
retainedearning		– 0.0043（0.0042）	–0.0037（0.0042）
cashability		–0.0148（0.0122）	–0.0129（0.0122）
ownership5		0.2004***（0.0314）	0.1888***（0.0313）
zindex		–0.0001（0.0001）	–0.0000（0.0001）
exe3salarybyasset		20.5223**（9.3321）	23.8259**（9.3785）
dbtratio（非门限变量）		–0.1286***（0.0276）	
dbtratio（门限变量）	区间 1		0.0543*（0.0329）
	区间 2		0.0075（0.0280）
	区间 3		–0.0261（0.0270）
	区间 4		–0.0977***（0.0281）

注：括号内为标准误，* 代表 10% 显著性水平，** 代表 5% 显著性水平，*** 代表 1% 显著性水平。*P* 值和临界值均采用 Bootstrap 反复抽样 300 次得到的结果。

表 8.9 显示：当资产负债率小于等于 55.56% 时，资产负债率与资本回报率显著正相关；当资产负债率在（55.56%，66.79%］区间时，资产负债率与资本回报率正相关但不显著；当资产负债率在（66.79%，73.65%］区间时，资产负债率与资本回报率负相关，但不显著；当资产负债率大于 73.65% 时，资产负债率与资本回报率显著负相关。可见资产负债率与资本回报率之间呈现倒 U 型关系，这表明最优资本结构是存在的。当资产负债率小于等于 66.79% 时，资产负债率与资本回报率正相关，而当资产负债率大于 66.79% 时，资产负债率与资本回报率开始负相关，拐点出现在 66.79%，但在（55.56%，66.79%］和（66.79%，73.65%］两个区间内，资

产负债率与资本回报率的相关性，无论正负都不显著，所以拐点在 66.79% 并不可靠，但可确定最优资本结构点存在于 55.56% 与 73.65% 之间。实证结论是：A 股主板上市公司存在最优资本结构，最优资本结构点存在于 55.56% 与 73.65% 之间。

8.1.5 结论

通过对沪深两市 A 股及 A 股主板上市公司面板数据进行门限回归实证分析，结果发现：A 股上市公司存在最优资本结构，最优资本结构点存在于 55.56% 与 73.65% 之间，A 股主板上市公司具有同样特征。其意义在于：提供了一项支持资本结构权衡理论的新证据；为我国规模以上企业、国有及国有控股企业及其他相关企业资本结构调整提供了可供参考的目标资本结构区间。

8.2 国有股权比例优化区间研究

8.2.1 问题提出

目前国有企业混合所有制改革核心是优化股权结构、完善公司治理和建立现代企业制度。优化股权结构核心是适度调整国有股权比例。国有股权比例优化区间的确立将为国有企业混合所有制改革提供参考依据。

8.2.2 模型及数据选取

（1）模型构建和变量说明

国有股权比例优化区间确定基本思路是寻找与资本回报率正相关的国有股权比例区间。国有股权比例影响股权结构，股权集中度和股权制衡度体现着股权结构特征，影响公司治理水平，对资本回报率产生影响。高管薪酬水平影响高管激励程度和利润，影响着资本回报率水平。公司规模、偿债能力、营运能力、成长能力、资本积累水平、现金获取能力等财务特征也影响资本回报率。尚不能确定国有股权比例变量存在几个门限值，假设存在两个门限值，构建双门限国有股权比例优化区间回归模型如下，

$$roe_{it}=\alpha+\beta_1'\text{stateshrrate}_{it}(\text{stateshrrate}_{it}\leqslant\gamma_1)+\beta_2'\text{stateshrrate}_{it}(\gamma_1<\text{stateshrrate}_{it}\leqslant\gamma_2)+\beta_3'\text{stateshrrate}_{it}(\text{stateshrrate}_{it}>\gamma_2)+\theta_1\text{lnasset}_{it}+\theta_2\text{debtratio}_{it}+\theta_3\text{grorwth}_{it}+\theta_4\text{assetturnover}_{it}+\theta_5\text{retainedearning}_{it}+\theta_6\text{cashability}_{it}+\theta_7\text{ownership5}_{it}+\theta_8\text{zindex}_{it}+\theta_9\text{exe3salarybyasset}_{it}+u_i+\varepsilon_{it} \quad (8.2)$$

i 为上市公司，t 为年份，roe 为被解释变量，stateshrrate 为解释变量，同时为门限变量，α 为截距项，u_i 为公司个体效应，ε_{it} 为残差，其他变量为控制变量。变量说明见表 8.10。

表 8.10 变量说明

变量名称简写	变量含义
roe	资本回报率
stateshrrate	国有股权比例
asset	总资产
ln asset	总资产的自然对数
debtratio	资产负债率
growth	营业收入增长率
assetturnover	总资产周转率
retainedearning	留存盈余比率
cashability	销售商品劳务收入现金 / 营业收入
ownership5	前五大股东集中度
zindex	股权制衡度
exe3salary	前三名高管薪酬
exe3salarybyasset	前三名高管薪酬 / 总资产

（2）数据说明及统计描述

数据源自国泰安 csmar 数据库，样本为 2003 年至 2013 年期间沪深两市 A 股数据，剔除 ST、金融行业，为消除极端值影响，进行了 1% 和 99% 缩尾处理。统计软件为 Stata12.0。统计描述见表 8.11。

表 8.11　变量的统计描述

变量	样本数	均值	标准差	最小值	最大值
roe	18835	0.064361	0.176871	–1.00465	0.714897
stateshrrate	18832	0.166296	0.232965	0	0.746529
asset	18845	5.88E+09	1.36E+10	1.48E+08	1.00E+11
debtratio	18836	0.482009	0.253811	0.045617	1.656466
growth	17458	0.231581	0.619718	–0.72343	4.654684
assetturnover	18798	0.673351	0.483689	0.051424	2.680694
retainedearning	18839	0.772282	0.280693	–0.44444	1
cashability	18801	1.029076	0.21013	0.414336	1.824356
ownership5	18833	0.543925	0.155628	0.187447	0.884837
zindex	18831	17.89196	37.86036	1.0048	254.2737
exe3salary	18727	1161688	1046691	79700	6180200

由于考察的是国有股权比例在一定控制变量条件下与资本回报率的关系，所以观测数据应是国有股权比例大于零的样本，剔除国有股权比例为零数据后的变量统计描述见表 8.12。

表 8.12　变量的统计描述

变量	样本数	均值	标准差	最小值	最大值
roe	8691	0.054982	0.18844	–1.00465	0.714897
stateshrrate	8687	0.360503	0.218269	5.30E–08	0.746529
asset	8700	6.81E+09	1.57E+10	1.48E+08	1.00E+11
debtratio	8693	0.518878	0.245829	0.045617	1.656466
growth	8219	0.25459	0.659845	–0.72343	4.654684
assetturnover	8676	0.683837	0.503896	0.051424	2.680694
retainedearning	8694	0.781881	0.285974	–0.44444	1
cashability	8677	1.045797	0.210081	0.414336	1.824356
ownership5	8688	0.561771	0.148892	0.187447	0.884837
zindex	8686	22.85208	46.23934	1.0048	254.2737
exe3salary	8609	974311.3	920647.4	79700	6180200

面板门限回归模型分析对象为面板数据，这要求作为样本的上市公司从 2003 年到 2013 年国有股权比例都有数据，由于存在 2003 年之后上市的公司，这一部分公司数据被剔除，即使在 2003 年及以前成立的公司，由于存在数据库厂商提供的数据缺失等原因，导致不满足面板数据要求，这一部分公司数据被剔除。余下数据为国有股权比例 2003 年至 2013 年均有数据的 128 家上市公司的 1408 条观测数据，其他变量在此期间数据仍

有个别缺失，补为 0，形成面板数据。变量统计描述见表 8.13。

表 8.13　变量的统计描述

变量	样本数	均值	标准差	最小值	最大值
roe	1408	0.039863	0.229986	−1.00465	0.714897
stateshrrate	1408	0.342935	0.213087	5.30E−08	0.746529
asset	1408	6.77E+09	1.30E+10	1.48E+08	1.00E+11
debtratio	1408	0.572376	0.289082	0.045617	1.656466
growth	1408	0.215398	0.656023	−0.72343	4.654684
assetturnover	1408	0.719094	0.575254	0	2.680694
retainedearning	1408	0.82535	0.273312	−0.44444	1
cashability	1408	1.042604	0.216623	0	1.824356
ownership5	1408	0.529713	0.150856	0.187447	0.884837
zindex	1408	22.07693	44.50707	0	254.2737
exe3salary	1408	964864.4	810214.6	0	6180200

8.2.3　回归结果及分析

对 2003 年至 2013 年国有股权比例均有数据的 128 家上市公司面板数据进行门限回归，结果见表 8.14、表 8.15 和表 8.16。

表 8.14　门限效应检验

门限变量：国有股权比例						
单门限检验	F_1 值			4.1456		
	P 值			0.0367		
	10%	5%	1% 临界值	2.3630	3.7131	6.7357
双门限检验	F_2 值			3.0467		
	P 值			0.06		
	10%	5%	1% 临界值	2.3459	3.3783	5.7832
三门限检验	F_3 值			2.7641		
	P 值			0.13		
	10%	5%	1% 临界值	3.2969	4.3559	6.2969

表 8.14 门限效应检验中，单门限效应的 P 值为 0.0367，说明应拒绝无门限值原假设，至少存在一个门限。双门限效应的 P 值为 0.06，说明应拒绝存在单门限的原假设，至少存在两个门限。三门限效应的 P 值为 0.13，说明应拒绝存在三门限的备择假设，接受存在双门限的原假设。

表 8.15　门限值及置信区间

门限	估计值	95% 置信区间
γ	0.0501	（0.0163　0.6629）
	0.1546	（0.0163　0.6629）

表 8.15 显示了国有股权比例的两个门限值，一个是 5.01%，另一个是 15.46%。

表 8.16　国有股权比例对资本回报率回归估计结果

解释变量		线性回归个体固定效应模型	非线性双门限模型
ln asset		0.0172（0.0126）	0.018（0.0125）
debtratio		−0.0528（0.0571）	−0.0611（0.0569）
growth		0.0426***（0.0087）	0.044***（0.0087）
assetturnover		0.0529**（0.0261）	0.0523**（0.0260）
retainedearning		−0.0318**（0.0125）	−0.0315**（0.0127）
cashability		−0.0535（0.0405）	−0.0511（0.0400）
ownership5		0.2203***（0.0750）	0.2033***（0.0748）
zindex		−0.0000（0.0002）	0.0000（0.0002）
exe3salarybyasset		−6.8837（22.2154）	−4.4636（21.9798）
stateshrrate（非门限变量）		−0.1056**（0.0445）	
stateshrrate（门限变量）	区间 1		−1.4049（1.1451）
	区间 2		0.3837*−（0.2531）
	区间 3		−0.0906*（0.0511）

注：括号内为标准误，*− 代表 15% 显著性水平，* 代表 10% 显著性水平，** 代表 5% 显著性水平，*** 代表 1% 显著性水平。*P* 值和临界值均采用 Bootstrap 反复抽样 300 次得到的结果。

表 8.16 显示：当国有股权比例未超过 5.01% 时，国有股权比例与资本回报率负相关，但不显著，这意味着在此区间随着国有股权比例上升，资本回报率随之下降；当国有股权比例在 5.01% 与 15.46% 之间时，国有股权比例与资本回报率正相关，在 15% 水平下显著，这意味着在此区间随着国有股权比例上升，资本回报率随之上升；当国有股权比例大于 15.46% 时，国有股权比例与资本回报率显著负相关，这意味着在此区间随着国有股权比例上升，资本回报率随之下降。

当前混合所有制改革的核心是国有企业引入民营资本，充分提高包括国有资本与民营资本在内的混合资本运营效率。国有股权比例适度调整成为关键。国有资本按功能分类可分为国家安全类、国民经济命脉和公共保障类、战略类和完全竞争类。国家安全类实行国有独资；国民经济命脉和公共保障类实行国有绝对控股，国有绝对控股比例为大于 50%；战略类实行国有相对控股，国有相对控股比例一种观点认为大于 30% 同时小于等于 50%，另一种观点认为大于 20% 同时小于等于 50%，只要实际控制企业即可，本书取后一种观点；完全竞争类实行参股不控股，国有股权比例小于等于 20%。国有独资类型不涉及国有股权比例调整问题。国有绝对控股类型、国有相对控股类型以及国有参股不控股类型企业优化的国有股权比例区间在哪里成为改革不可回避的问题。以上针对 2003 年至 2013 年国有股权比例均有数据的 128 家上市公司面板数据进行门限回归的结论是：国有股权比例与资本回报率的关系是非线性的，但也不是 U 型或倒 U 型的，而是存在几个拐点；国有股权比例在 5.01% 以内时，与资本回报率负相关，但不显著；国有股权比例在 5.01% 与 15.46% 之间时，在 15% 显著性水平下与资本回报率正相关；国有股权比例大于 15.46% 时，与资本回报率显著负相关。优化区间为 5.01% 与 15.46% 之间，在此区间国有股权比例上升时，资本回报率随之上升，国有股权比例尽量接近 15.46%。5.01% 与 15.46% 的优化区间指出了国有参股不控股类型企业国有股权比例优化区间，为此种类型混合所有制企业国有股权适度调整提供参考依据。

8.2.4　国有控股类型企业国有股权比例优化区间研究

以上分析了国有参股不控股类型企业国有股权比例优化区间，那么国有相对控股类型以及国有绝对控股类型企业国有股权比例优化区间在哪里呢？下面分别进一步研究。

（1）国有相对控股类型企业国有股权比例优化区间研究

对相关变量数据重新筛选，筛选条件为国有股权比例为大于 20% 且小于等于 50% 的上市公司，得到 2003 年至 2013 年国有股权比例均有数据且符合上述约束条件的 14 家上市公司 154 条面板观测数据。统计描述见表 8.17。

表 8.17　变量的统计描述

变量	样本数	均值	标准差	最小值	最大值
roe	154	0.048561	0.151278	−0.97537	0.617866
stateshrrate	154	0.353889	0.072107	0.20312	0.484979
asset	154	4.56E+09	4.73E+09	5.13E+08	1.89E+10
debtratio	154	0.482519	0.190705	0.045617	0.912633
growth	154	0.145063	0.352526	−0.72343	1.537926
assetturnover	154	0.659936	0.591439	0.081484	2.680694
retainedearning	154	0.77055	0.322319	−0.44444	1
cashability	154	1.048518	0.203463	0.43829	1.824356
ownership5	154	0.489035	0.127195	0.2595	0.884837
zindex	154	19.49616	29.41647	0	160.4129
exe3salary	154	951488.8	561678.4	79700	2955200

以此面板数据为对象，在式（8.2）基础上，进行门限回归，结果见表 8.18、表 8.19 和表 8.20。

表 8.18　门限效应检验

门限变量：国有股权比例						
单门限检验	F_1 值			11.0574		
	P 值			0.0000		
	10%	5%	1% 临界值	2.7379	3.8174	6.2108
双门限检验	F_2 值			3.2632		
	P 值			0.07		
	10%	5%	1% 临界值	2.5173	4.4244	8.7396
三门限检验	F_3 值			1.4221		
	P 值			0.1533		
	10%	5%	1% 临界值	2.0856	3.1489	11.1522

表 8.18 门限效应检验中，单门限效应的 P 值为 0.0000，说明应拒绝无门限值原假设，至少存在一个门限。双门限效应的 P 值为 0.07，说明应拒绝存在单门限的原假设，至少存在两个门限。三门限效应的 P 值为 0.1533，说明应拒绝存在三门限的备择假设，接受存在双门限的原假设。

表 8.19　门限值及置信区间

门限	估计值	95% 置信区间
γ	0.3216	（0.2457　0.4674）
	0.4386	（0.2457　0.4674）

表 8.19 显示了国有股权比例的两个门限值，一个是 32.16%，另一个

是 43.86%。

表 8.20　国有股权比例对资本回报率回归估计结果

解释变量		线性回归个体固定效应模型	非线性双门限模型
ln asset		0.126***（0.0349）	0.1207***（0.0311）
debtratio		−0.6958***（0.1995）	−0.7748***（0.2083）
growth		0.1294***（0.0311）	0.1242***（0.0271）
assetturnover		−0.0245（0.0356）	−0.0011（0.0365）
retainedearning		0.0345（0.028）	0.0495*（0.0274）
cashability		−0.0023（0.0389）	−0.0139（0.0376）
ownership5		−0.076（0.1293）	−0.1264（0.1171）
zindex		−0.0004（0.0003）	−0.0001（0.0003）
exe3salarybyasset		−23.1954（64.7721）	−46.5455（62.1545）
stateshrrate（非门限变量）		−0.2658（0.1824）	
stateshrrate（门限变量）	区间 1		−0.8047（0.6414）
	区间 2		−0.3548（0.4245）
	区间 3		−0.5388（0.3576）

注：括号内为标准误，* 代表 10% 显著性水平，*** 代表 1% 显著性水平。*P* 值和临界值均采用 Bootstrap 反复抽样 300 次得到的结果。

表 8.20 显示：当国有股权比例大于 20% 且未超过 32.16% 时，国有股权比例与资本回报率负相关，但不显著，系数为 −0.8047；当国有股权比例在 32.16% 与 43.86% 之间时，国有股权比例与资本回报率负相关，但不显著，系数为 −0.3548；当国有股权比例超过 43.86% 且小于等于 50% 时，国有股权比例与资本回报率负相关，但不显著，系数为 −0.5388。可见在 32.16% 与 43.86% 之间时，国有股权比例对资本回报率负面影响最小，此区间为较优区间，国有股权比例尽量接近 32.16%。

（2）国有绝对控股类型企业国有股权比例优化区间研究

对相关变量数据重新筛选，筛选条件为国有股权比例为大于 50% 的上市公司，得到 2003 年至 2013 年国有股权比例均有数据且符合上述约束条件的 8 家上市公司 88 条面板观测数据。统计描述见表 8.21。

表 8.21 变量的统计描述

变量	样本数	均值	标准差	最小值	最大值
roe	88	0.092404	0.09619	–0.44015	0.263489
stateshrrate	88	0.623175	0.071514	0.505578	0.746529
asset	88	1.39E+10	1.66E+10	1.01E+09	9.56E+10
debtratio	88	0.488023	0.194027	0.119505	0.851704
growth	88	0.138065	0.2468	–0.67623	0.872351
assetturnover	88	0.915986	0.62767	0.110583	2.680694
retainedearning	88	0.621622	0.311833	–0.27631	1
cashability	88	1.046947	0.191023	0.414336	1.811923
ownership5	88	0.70627	0.092778	0.547793	0.884837
zindex	88	63.33109	79.9804	1.5864	254.2737
exe3salary	88	1113347	529588.5	244000	2496550

以此面板数据为对象，在式（8.2）基础上，进行门限回归，结果见表 8.22、表 8.23 和表 8.24。

表 8.22 门限效应检验

门限变量：国有股权比例						
单门限检验	F_1 值			3.3244		
	P 值			0.0733		
	10%	5%	1% 临界值	2.7428	4.2061	7.0293
双门限检验	F_2 值			1.5342		
	P 值			0.1767		
	10%	5%	1% 临界值	2.6538	3.8756	13.7451

表 8.22 门限效应检验中，单门限效应的 P 值为 0.0733，说明应拒绝无门限值原假设，至少存在一个门限。双门限效应的 P 值为 0.1767，说明应拒绝存在双门限的备择假设，接受存在单门限的原假设。

表 8.23 门限值及置信区间

门限	估计值	95% 置信区间
γ	0.7456	（0.5056　0.7456）

表 8.23 显示了国有股权比例的单门限值为 74.56%。

表 8.24　国有股权比例对资本回报率回归估计结果

解释变量		线性回归个体固定效应模型	非线性双门限模型
ln asset		0.0757***（0.0206）	0.0902***（0.0237）
debtratio		−0.3466**（0.1454）	−0.4316***（0.1627）
growth		0.0999***（0.0364）	0.0969***（0.0350）
assetturnover		0.0365（0.0376）	0.0382（0.0376）
retainedearning		−0.0231（0.0310）	−0.0211（0.0310）
cashability		0.0544（0.0399）	0.034（0.0362）
ownership5		−0.2922（0.2909）	−0.3959（0.2712）
zindex		−0.0000（0.0001）	−0.0001（0.0001）
exe3salarybyasset		240.6737***（76.5326）	262.8364***（79.5984）
stateshrrate（非门限变量）		0.6827*（0.3490）	
stateshrrate（门限变量）	区间 1		0.5867*（0.3427）
	区间 3		0.6867**（0.3295）

注：括号内为标准误，* 代表 10% 显著性水平，** 代表 5% 显著性水平，*** 代表 1% 显著性水平。*P* 值和临界值均采用 Bootstrap 反复抽样 300 次得到的结果。

表 8.24 显示：当国有股权比例大于 50% 且未超过 74.56% 时，国有股权比例与资本回报率显著正相关，系数为 0.5867；当国有股权比例超过 74.56% 时，国有股权比例与资本回报率显著正相关，系数为 0.6867。比较后可见，国有股权比例超过 74.56% 时，国有股权比例对资本回报率正面影响强于国有股权比例未超过 74.56% 时。

8.2.5　结论

通过对沪深两市相关上市公司面板数据进行面板门限回归的实证研究，得到如下结论：国有参股不控股的混合所有制企业国有股权比例优化区间为（5.01%，15.46%］，国有股权比例尽量接近 15.46%；国有相对控股的混合所有制企业国有股权比例优化区间为（32.16%，43.86%］，国有股权比例尽量接近 32.16%；国有绝对控股的混合所有制企业国有股权比例优化区间为（74.56%，100%）。

8.3 终极所有权、控制权和两权分离度优化区间研究

8.3.1 问题提出

在目前国有独资公司、混合所有制企业和民营企业并存格局下，我国企业终极控制人分两类：国有性质终极控制人和民营性质终极控制人。无论何种产权性质终极控制人，均追求以资本为纽带管理股权，提升股权价值和公司价值。终极控制人通过直接和（或）间接持股方式与目标公司间形成一条或多条股权关系链，间接持股的每条股权关系链可能存在多于两层持股关系。企业终极控制人基于股权关系链形成对目标公司的最终所有权和控制权。所有权又称现金流权，等于一条股权关系链各层持股比例相乘，或多条股权关系链中每条股权关系链各层持股比例相乘之和。控制权又称表决权，等于一条股权关系链的最弱一层持股比例，或多条股权关系链中每条股权关系链的最弱一层持股比例之和。终极控制人对目标公司控制权与所有权之差即为两权分离度。我国沪深两市 A 股上市公司终极控制人对目标公司的现金流权、表决权和两权分离度状况如表 8.25 所示。

表 8.25 中国 A 股上市公司终极控制人两权分离项目情况

年份	2003	2004	2005	2006	2007	2008	2009	2010	2011	2012	2013	2014	年平均
现金流权	37.40%	37.24%	35.15%	30.54%	31.05%	31.71%	32.42%	33.33%	34.58%	35.64%	35.71%	35.12%	34.16%
表决权	41.61%	42.77%	40.96%	36.54%	37.08%	37.81%	38.66%	39.12%	40.11%	41.03%	41.01%	40.31%	39.75%
两权分离度	4.17%	5.51%	5.75%	5.95%	5.98%	6.03%	6.19%	5.76%	5.49%	5.35%	5.26%	5.13%	5.55%

来源：根据国泰安数据库数据整理。

表 8.25 表明：现金流权总体呈 V 型，2003 年至 2006 年不断下降，从 2003 年的 37.40% 降至 2006 年的 30.54%，拐点在 2006 年，2006 年至 2013 年持续上升，从 2006 年的 30.54% 持续升至 2013 年的 35.71%，2014 年略微下降至 35.12%；表决权总体呈 V 型，2003 年为 41.61%，低

于 2004 年，2004 年至 2006 年不断下降，从 2004 年的 42.77% 降至 2006 年的 36.54%，拐点在 2006 年，2006 年至 2012 年持续上升，从 2006 年的 36.54% 持续升至 2012 年的 41.03%，从 2013 年至 2014 年又逐渐下降到 40.31%；两权分离度总体呈倒 U 型，2003 年至 2009 年持续上升，从 2003 年 4.17% 持续升至 2009 年的 6.19%，2009 年为拐点，从 2009 年至 2014 年持续下降，从 2009 年 6.19% 持续下降至 2014 年的 5.13%；年平均现金流权为 34.16%，表决权为 39.75%，两权分离度为 5.55%。

在2003年至2014年的12年期间，现金流权、表决权总体先呈下降态势，后又呈上升态势，两权分离度总体先呈上升态势，后又呈下降态势，那么上市公司终极控制人的现金流权、表决权和两权分离度的升降过程中，是上升好还是下降好？问题也可转换成是否存在最优的现金流权、表决权和两权分离度？

8.3.2　模型及变量说明

借鉴 Hansen（1999）门限回归思路，构建两权分离项目与公司价值关系的面板门限回归模型，目标是寻找使公司价值最大化的终极控制股东两权分离度、现金流权和表决权比例或区间。构建两个模型，一个模型是独立的两权分离项目与公司价值关系的门限模型，另一个是互为条件的两权分离项目与公司价值关系的门限模型。以托宾 Q 值代表公司价值，作为被解释变量，两权分离度、现金流权和表决权分别为独立待考察对象，作为核心解释变量同时为门限变量，资产规模、财务杠杆和成长能力作为控制变量，则独立的两权分离项目三门限面板回归模型构建如下式，

$$\begin{aligned}\text{tobinq}_{it}=&u_i+\beta_1x_{it}(x_{it}\leqslant\gamma_1)+\beta_2x_{it}(\gamma_1<x_{it}\leqslant\gamma_2)+\beta_3x_{it}(\gamma_2<x_{it}\leqslant\gamma_3)\\&+\beta_4x_{it}(x_{it}>\gamma_3)+\theta_1\text{lnsize}_{it}+\theta_2\text{debtratio}_{it}+\theta_3\text{revgrowth}_{it}+\varepsilon_{it}\end{aligned}\quad(8.3)$$

tobinq_{it} 为被解释变量，u_i 为公司个体效应，x_{it} 分别代表两权分离度（seperationrate）、现金流权（cashflowrights）和表决权（votingrights）的待考察变量，作为核心解释变量同时为门限变量，γ_1 为门限值，其他变量

为控制变量，β_i 和 θ_j 为变量系数，ε_{it} 为残差，i 为上市公司，t 为年份。

如以表决权为门限变量，现金流权为受表决权影响的核心解释变量，或反之，以现金流权为门限变量，表决权为受现金流权影响的核心解释变量，其他条件同式（8.3）中条件，则互为条件的两权分离项目三门限面板回归模型构建如下式，

$$tobinq_{it}=u_i+\beta_1 x_{it}(y_{it}\leq\gamma_1)+\beta_2 x_{it}(\gamma_1<y_{it}\leq\gamma_2)+\beta_3 x_{it}(\gamma_2<y_{it}\leq\gamma_3)+\beta_4 x_{it}(y_{it}>\gamma_3)+\theta_1 lnsize_{it}+\theta_2 debtratio_{it}+\theta_3 revgrowth_{it}+\varepsilon_{it} \quad (8.4)$$

x_{it} 为受门限变量 y_{it} 影响的核心解释变量，代表现金流权（cashflowrights）或表决权（votingrights），y_{it} 为门限变量，代表表决权（votingrights）或现金流权（cashflowrights），x_{it} 与 y_{it} 是相互影响的不同变量。变量说明见表 8.26。

表 8.26　变量说明

变量名称简写	变量含义
tobinq	托宾 Q 值
lnsize	总资产自然对数
debtratio	资产负债率
revgrowth	营业收入增长率
cashflowrights	现金流权，实际控制人拥有上市公司所有权比例
votingrights	表决权，实际控制人拥有上市公司控制权比例
seperationrate	两权分离度，表决权与现金流权之间的差值

8.3.3　数据说明及回归分析

（1）数据说明

数据源自国泰安数据库（CSMAR）。计量软件为 Stata12.0。以 2003-2014 年沪深两市 A 股上市公司为样本，剔除金融行业、ST 公司和缺失值，为消除极端值影响进行了 1% 和 99% 缩尾处理，剔除不满足面板数据要求的其他样本，得到 304 家上市公司 3648 条面板观测数据，变量的统计描述见表 8.27。

表 8.27　变量的统计描述

变量	样本数	均值	标准差	最小值	最大值
tobinq	3648	2.0883	1.4578	0.7647	10.0603
lnsize	3648	21.8668	1.2682	18.9071	25.5489
debtratio	3648	0.5207	0.2048	0.0481	1.4788
revgrowth	3648	0.1983	0.4831	–0.7137	3.7702
cashflowrights	3648	0.3280	0.1805	0.0338	0.7581
votingrights	3648	0.3871	0.1584	0.1069	0.7814
seperationrate	3648	0.0581	0.0810	0	0.2918

（2）独立的两权分离项目三门限模型回归分析

当代表两权分离度时，定义为面板 A，当代表现金流权时，定义为面板 B，当代表表决权时，定义为面板 C。对面板 A、B、C 数据通过式（8.3）模型分别进行回归，回归结果见表 8.28、表 8.29、表 8.30 和表 8.31。

表 8.28　面板 A 门限值及门限效应

	单门限效应	双门限效应	三门限效应
面板 A：两权分离度			
门限值	0.0276	0.0276 0.0607	0.0175 0.0276 0.0607
F 统计量	38.5564	15.9620	4.8998
P 值	0.0000	0.0000	0.0333
临界值			
10%	3.1416	2.9290	2.8433
5%	4.0698	4.1362	3.9485
1%	8.4559	6.0679	5.9600

表 8.28 显示：面板 A 中，两权分离度为核心解释变量同时为门限变量，单门限效应的 *P* 值为 0.0000，说明应拒绝无门限的原假设，接受至少存在单门限的备择假设；双门限效应的 *P* 值为 0.0000，说明应拒绝存在单门限的原假设，接受至少存在双门限的备择假设；三门限效应的 *P* 值为 0.0333，说明应拒绝存在双门限的原假设，接受至少存在三门限的备择假设；三个门限值分别为 1.75%、2.76% 和 6.07%。

表 8.29　面板 B 门限值及门限效应

	单门限效应	双门限效应	三门限效应
面板 B：现金流权			
门限值	0.2208	0.2208 0.4427	0.2208 0.4707 0.5772
F 统计量	20.6436	9.0259	8.1245
P 值	0.0000	0.0133	0.0033
临界值			
10%	2.7633	3.4426	1.8720
5%	3.9625	4.6432	4.1174
1%	7.7387	11.1734	7.0828

表 8.29 显示：面板 B 中，现金流权为核心解释变量同时为门限变量，单门限效应的 *P* 值为 0.0000，说明应拒绝无门限的原假设，接受至少存在单门限的备择假设；双门限效应的 *P* 值为 0.0133，说明应拒绝存在单门限的原假设，接受至少存在双门限的备择假设；三门限效应的 P 值为 0.0033，说明应拒绝存在双门限的原假设，接受至少存在三门限的备择假设；三个门限值分别为 22.08%、47.07% 和 57.72%。

表 8.30　面板 C 门限值及门限效应

	单门限效应	双门限效应	三门限效应
面板 C：表决权			
门限值	0.2572	0.2842 0.3139	0.2892 0.3139 0.4707
F 统计量	36.7825	19.1015	12.1118
P 值	0.0000	0.0000	0.0000
临界值			
10%	2.7493	−12.2516	−1.2483
5%	4.0261	−8.6073	1.1085
1%	7.1245	−2.4646	5.9426

表 8.30 显示：面板 C 中，表决权为核心解释变量同时为门限变量，单门限效应的 *P* 值为 0.0000，说明应拒绝无门限的原假设，接受至少存在单门限的备择假设；双门限效应的 *P* 值为 0.0000，说明应拒绝存在单门限的原假设，接受至少存在双门限的备择假设；三门限效应的 P 值为 0.0000，

说明应拒绝存在双门限的原假设，接受至少存在三门限的备择假设；三个门限值分别为 28.92%、31.39% 和 47.07%。

表 8.31　面板 A、B 和 C 的门限回归估计结果

解释变量		面板 A	面板 B	面板 C
lnsize		–0.3197***（0.0323）	–0.3322***（0.0332）	–0.3340***（0.0333）
debtratio		–0.0145（0.2179）	–0.1678（0.2256）	–0.0892（0.2207）
revgrowth		0.0636（0.0457）	0.0776*（0.0455）	0.0919**（0.0456）
seperationrate（门限变量）	区间 1	16.0214（14.7082）		
	区间 2	44.2705***（10.2367）		
	区间 3	8.1240***（2.8039）		
	区间 4	–0.9755**（0.4340）		
cashflowrights（门限变量）	区间 1		0.7318（0.7153）	
	区间 2		–1.0813***（0.3683）	
	区间 3		–0.4310（0.3001）	
	区间 4		–0.9582***（0.2470）	
svotingrights（门限变量）	区间 1			–2.3820***（0.8049）
	区间 2			–4.5352***（0.6582）
	区间 3			–2.7951***（0.4481）
	区间 4			–2.1648***（0.3227）

注: 括号内为标准误, * 代表 10% 显著性水平, ** 代表 5% 显著性水平, *** 代表 1% 显著性水平。*P* 值和临界值均采用 Bootstrap 反复抽样 300 次得到的结果。

表 8.31 列示了面板 A、B 和 C 的门限回归估计结果。

面板 A 中：当两权分离度小于等于 1.75% 时，两权分离度与公司价值正相关，但不显著，两权分离度每上升 1%，公司价值上升 16.02%；当两权分离度大于 1.75% 且小于等于 2.76% 时，两权分离度与公司价值显著正相关，两权分离度每上升 1%，公司价值上升 44.27%；当两权分离度大于 2.76% 且小于等于 6.07% 时，两权分离度与公司价值显著正相关，两权分离度每上升 1%，公司价值上升 8.12%；当两权分离度大于 6.07% 时，两权分离度与公司价值显著负相关，两权分离度每上升 1%，公司价值下降 0.98%。可见两权分离度作为门限变量同时为解释变量，与公司价值之间，存在倒 U 型关系，拐点为 6.07%，所以使公司价值最大化的终极控制股东所有权与控制权分离度为 6.07%。

面板 B 中：当现金流权小于等于 22.08% 时，现金流权与公司价值正相关，但不显著，现金流权每上升 1%，公司价值上升 0.73%；当现金流权大于 22.08% 且小于等于 47.07% 时，现金流权与公司价值显著负相关，现金流权每上升 1%，公司价值下降 1.08%；当现金流权大于 47.07% 且小于等于 57.72% 时，现金流权与公司价值负相关，但不显著，现金流权每上升 1%，公司价值下降 0.43%；当现金流权大于 57.72% 时，现金流权与公司价值显著负相关，现金流权每上升 1%，公司价值下降 0.96%。可见现金流权作为门限变量同时为解释变量，与公司价值间，存在倒 U 型关系，拐点为 22.08%，所以使公司价值最大化的终极控制股东现金流权为 22.08%。

面板 C 中：当表决权小于等于 28.92% 时，表决权与公司价值显著负相关，表决权每上升 1%，公司价值下降 2.38%；当表决权大于 28.92% 且小于等于 31.39% 时，表决权与公司价值显著负相关，表决权每上升 1%，公司价值下降 4.54%；当表决权大于 31.39% 且小于等于 47.07% 时，表决权与公司价值显著负相关，表决权每上升 1%，公司价值下降 2.80%；当表决权大于 47.07% 时，表决权与公司价值显著负相关，表决权每上升 1%，公司价值下降 2.17%。可见表决权作为门限变量同时为解释变量，在三个门限分割出的四个区间中，与公司价值均显著负相关，但程度不同，其中的区间 1（表决权≤ 28.92%）和区间 4（表决权 >47.07%）对公司价值负面影响相对较小且影响接近，系数分别为 –2.3820 和 –2.1648，如以负面影响最小为标准的话，应取区间 4，但综合考虑面板 A 和面板 B 的回归分析结论，应取区间 1 为宜，因为面板 B 中最优现金流权为 22.08%，面板 A 中最优两权分离度为 6.07%，而表决权等于现金流权加两权分离度，那么以相加方式的话，最优表决权应为 28.15%，这与面板 C 中区间 1（表决权≤ 28.92%）的上限 28.92% 基本吻合，另外，表决权在区间 1（表决权≤ 28.92%）和区间 4（表决权 >47.07%）对公司价值负面影响很接近（系数分别为 –2.3820 和 –2.1648），所以最优表决权取区间 1（表决权≤ 28.92%）的上限 28.92% 为宜，即终极控制股东最优表决权比例为 28.92%。

（3）互为条件的两权分离项目三门限模型回归分析

当 x_{it} 为现金流权，y_{it} 为表决权时，定义为面板 D，当 x_{it} 为表决权，y_{it} 为现金流权时，定义为面板 E。对面板 D 和 E 数据通过式（8.4）模型分别进行回归，回归结果见表 8.32、表 8.33 和表 8.34。

表 8.32　面板 D 门限值及门限效应

	单门限效应	双门限效应	三门限效应
面板 D：			
门限值	0.2588	0.2569 0.2888	0.1476 0.2569 0.2888
F 统计量	61.1846	13.8029	12.7210
P 值	0.0000	0.0000	0.0000
临界值			
10%	2.6962	1.5756	2.7520
5%	4.4049	3.3201	4.3148
1%	7.5363	5.9572	7.2573

表 8.32 显示：面板 D 中，现金流权为受门限变量表决权影响的核心解释变量，单门限效应的 *P* 值为 0.0000，说明应拒绝无门限的原假设，接受至少存在单门限的备择假设；双门限效应的 *P* 值为 0.0000，说明应拒绝存在单门限的原假设，接受至少存在双门限的备择假设；三门限效应的 *P* 值为 0.0000，说明应拒绝存在双门限的原假设，接受至少存在三门限的备择假设，三个门限值分别为 14.76%、25.69% 和 28.88%。

表 8.33　面板 E 门限值及门限效应

	单门限效应	双门限效应	三门限效应
面板 E：			
门限值	0.4427	0.068775 0.4427	0.1944 0.2208 0.4427
F 统计量	29.2821	9.7657	4.3083
P 值	0.0000	0.0000	0.0067
临界值			
10%	2.3991	2.4552	–1.4487
5%	3.4718	3.3085	0.6078
1%	6.7514	6.8661	3.4204

表 8.33 显示：面板 E 中，表决权为受门限变量现金流权影响的核心解释变量，单门限效应的 P 值为 0.0000，说明应拒绝无门限的原假设，接受至少存在单门限的备择假设；双门限效应的 P 值为 0.0000，说明应拒绝存在单门限的原假设，接受至少存在双门限的备择假设；三门限效应的 P 值为 0.0067，说明应拒绝存在双门限的原假设，接受至少存在三门限的备择假设，三个门限值分别为 19.44%、22.08% 和 44.27%。

表 8.34　面板 D 和 E 门限回归估计结果

解释变量		面板 D	面板 E	面板 C
lnsize		-0.3155***（0.0323）	-0.3169***（0.0327）	-0.3340***（0.0333）
debtratio		-0.1222（0.2214）	-0.1442（0.2238）	-0.0892（0.2207）
revgrowth		0.0886*（0.0457）	0.0803*（0.0456）	0.0919**（0.0456）
cashflowrights（votingrights 为门限变量）	区间 1	8.4554***（1.7427）		
	区间 2	3.3584***（0.5809）		
	区间 3	1.2946**（0.5398）		
	区间 4	-0.4479*（0.2222）		
votingrights（cashflowrights 为门限变量）	区间 1		-3.0705***（0.4211）	-2.3820***（0.8049）
	区间 2		-1.9102***（0.4887）	-4.5352***（0.6582）
	区间 3		-2.9930***（0.2906）	-2.7951***（0.4481）
	区间 4		-2.0875***（0.2400）	-2.1648***（0.3227）

注：括号内为标准误，* 代表 10% 显著性水平，** 代表 5% 显著性水平，*** 代表 1% 显著性水平。P 值和临界值均采用 Bootstrap 反复抽样 300 次得到的结果。

表 8.34 列示了面板 D 和 E 的门限回归估计结果。

面板 D 中：当表决权小于等于 14.76% 时，现金流权与公司价值显著正相关，现金流权每上升 1%，公司价值上升 8.46%；当表决权大于 14.76% 且小于等于 25.69% 时，现金流权与公司价值显著正相关，现金流权每上升 1%，公司价值上升 3.36%；当表决权大于 25.69% 且小于等于 28.88% 时，现金流权与公司价值显著正相关，现金流权每上升 1%，公司价值上升 1.30%；当表决权大于 28.88% 时，现金流权与公司价值显著负相关，现金流权每上升 1%，公司价值下降 0.45%。可见当表决权为门限变量时，受表决权影响的现金流权与公司价值存在倒 U 型关系，拐点在表决权的 28.88% 处，此处现金流权使公司价值最大化。而 28.88% 的表决权与面板

C 回归分析结论中最优表决权比例的 28.92% 基本吻合，这意味着 28.88% 的表决权不仅使受其影响的现金流权使公司价值最大，而且 28.88% 附近的表决权独立对公司价值负面影响最小。

面板 E 中：当现金流权小于等于 19.44% 时，表决权与公司价值显著负相关，表决权每上升 1%，公司价值下降 3.07%；当现金流权大于 19.44% 且小于等于 22.08% 时，表决权与公司价值显著负相关，表决权每上升 1%，公司价值下降 1.91%；当现金流权大于 22.08% 且小于等于 44.27% 时，表决权与公司价值显著负相关，表决权每上升 1%，公司价值下降 2.99%；当现金流权大于 44.27% 时，表决权与公司价值显著负相关，表决权每上升 1%，公司价值下降 2.09%。可见，当现金流权大于 19.44% 且小于等于 22.08% 时，受现金流权影响的表决权对公司价值负面影响最小。而现金流权在区间（19.44%，22.08%］的上限 22.08% 与面板 B 回归分析结论中最优现金流权为 22.08% 完全吻合，这说明 22.08% 的现金流权不仅独立使公司价值最大化，而且也可使受其影响的表决权对公司价值负面影响最小。

8.3.4　结论和启示

以 2003—2014 年中国 A 股上市公司为样本，通过面板门限回归研究，发现：两权分离度与公司价值之间存在倒 U 型关系，使公司价值最大化的终极控制股东所有权与控制权分离度为 6.07%；现金流权与公司价值间存在倒 U 型关系，使公司价值最大化的终极控制股东现金流权为 22.08%；终极控制股东最优表决权比例为 28.92%；受表决权影响的现金流权与公司价值存在倒 U 型关系，当表决权为 28.88% 时，现金流权使公司价值最大化，这意味着 28.88% 的表决权不仅使受其影响的现金流权使公司价值最大，而且在 28.88% 附近的独立表决权对公司价值负面影响也最小；当现金流权大于 19.44% 且小于等于 22.08% 时，受现金流权影响的表决权对公司价值负面影响最小，而现金流权在区间（19.44%，22.08%］的上限 22.08% 与终极控制股东最优现金流权的 22.08% 完全吻合，这说明 22.08% 的现金流权不仅独立使公司价值最大化，而且也可使受其影响的表决权对公司价值负面影响最小。

目前国有企业混合所有制改革处于攻坚阶段，作为国有企业终极控制人的各级国资委按照十八届三中全会决定要求转变国有企业监管模式，从管人、管事、管资产模式转变为以资本管理为主的模式，通过资本纽带，提升国有股权价值和公司价值。上述实证结论对国有企业实际控制人对国有企业监管的启示在于：终极控制人对上市公司的所有权和控制权存在最优比例，不是越高越好，也不是越低越好，而是要适度；终极控制人所有权和控制权适度偏离可使公司价值最大化。

8.4 现金股利支付率优化区间研究

8.4.1 问题提出

沪深两市 A 股 2014 年仍有近 40% 上市公司未发放现金股利，发放现金股利公司的现金股利支付率均值约 35%，总体现金股利支付率均值约为 22%。2013 年中国共产党十八届三中全会决议提出：到 2020 年将国有资本收益上缴比例从 20% 提高到 30%。中央企业大部分净资产已进入到上市公司，上市公司现金股利分配直接或间接影响包括央企在内的国有及国有控股企业的国有资本收益上缴基数。

不发放现金股利不能一概视为异常，这可能与公司发展战略相配合，但 40% 上市公司未发放现金股利则明显不合理，需要证券监管部门加强相应管理使其比重逐步合理化。已发放现金股利公司的现金股利支付率均值约 35%，是高还是低，这也不能一概而论，创业期企业应倾向于积累多些，分配少些，过了创业期的中小成长型企业，分配比重应逐步加大，回馈投资者，而成熟型企业在保证扩大再生产前提下，分配比重应进一步加大，以保证投资者合理投资回报。现金股利支付率合理与否不仅要考虑企业成长阶段，更要考虑能否使上市公司价值最大化，能使上市公司价值最大化的现金股利支付率则为合理的现金股利支付率。那么沪深两市 A 股上市公司是否存在使上市公司价值最大化的现金股利支付率或区间？本书从中国 A 股创业板、中小板、沪市主板三个维度实证考察了现金股利支付率与上市公司价值关系，研究了不同维度的使上市公司价值最大化的现金股利支付率或区间，为优化我国上市公司现金股利分配策略提供参考依据。

8.4.2　研究创新点

目前文献中尚未有其他作者利用面板门限回归模型，研究使上市公司价值最大化的现金股利支付率问题。本节基于面板门限回归模型，以中国 A 股上市公司为对象，从创业板、中小板和沪市主板 A 股三个维度，分别研究了不同市场使公司价值最大化的最优股利支付率问题。

8.4.3　模型构建和变量说明

门限回归模型思路是以残差平方和最小化为条件通过自举方式搜寻变量突变点。借鉴 Hansen（1999）模型，构建现金股利支付水平与上市公司价值相关关系的面板门限回归模型，寻找使公司价值最大化的现金股利支付水平或区间。以托宾 Q 值代表公司价值，作为因变量，以现金股利支付率代表公司现金股利支付水平，作为核心解释变量同时为门限变量，以资产规模、负债水平和成长能力作为控制变量。门限变量现金股利支付率分别存在单门限、双门限和三门限效应的面板门限回归模型分别构建如下，

单门限效应模型如下式，

$$\text{tobinq}_{it}=u_i+\beta_1\text{dividendrate}_{it}(\text{dividendrate}_{it}\leqslant\gamma_1)+\beta_2\text{dividendrate}_{it}(\text{dividendrate}_{it}>\gamma_1)+\theta_1\text{lnsize}_{it}+\theta_2\text{debtratio}_{it}+\theta_3\text{revgrowth}_{it}+\varepsilon_{it} \quad (8.5)$$

双门限效应模型如下式，

$$\text{tobinq}_{it}=u_i+\beta_1\text{dividendrate}_{it}(\text{dividendrate}_{it}\leqslant\gamma_1)+\beta_2\text{dividendrate}_{it}(\gamma_1<\text{dividendrate}_{it}\leqslant\gamma_2)+\beta_3\text{dividendrate}_{it}(\text{dividendrate}_{it}>\gamma_2)+\theta_1\text{lnsize}_{it}+\theta_2\text{debtratio}_{it}+\theta_3\text{revgrowth}_{it}+\varepsilon_{it} \quad (8.6)$$

三门限效应模型如下式，

$$tobinq_{it}=u_i+\beta_1 dividendrate_{it}(dividendrate_{it}\leq \gamma_1)+\beta_2 dividendrate_{it}(\gamma_1< dividendrate_{it}\leq \gamma_2)+\beta_3 dividendrate_{it}(\gamma_2< dividendrate_{it}\leq \gamma_3)+\beta_4 dividendrate_{it}(dividendrate_{it}>\gamma_3)+\theta_1 lnsize_{it}+\theta_2 debtratio_{it}+\theta_3 revgrowth_{it}+\varepsilon_{it} \quad (8.7)$$

tobinq 为被解释变量，u_i 为公司个体效应，dividendrate 为核心解释变量，同时为门限变量，lnsize、debtratio 和 revgrowth 为控制变量，γ_i 为门限值，ε_{it} 为残差，i 为上市公司，t 为年份。变量说明见表 8.35。

表 8.35 变量说明

变量名称简写	变量含义
tobinq	托宾 *Q* 值
lnsize	总资产自然对数
debtratio	资产负债率
revgrowth	营业收入增长率
dividendrate	现金股利支付率

8.4.4 数据说明及回归分析

分别对 2010 至 2014 年创业板、2005 至 2014 年中小板和 2003 年至 2014 年沪市 A 股主板上市公司数据，进行了 1% 缩尾处理以消除极端值影响，剔除金融行业、ST 公司、缺失值以及其他不满足面板数据要求的公司样本。数据源自国泰安（CSMAR）数据库。统计软件为 Stata12.0。

（1）创业板上市公司样本的数据说明及回归分析

① 数据说明

样本为 2010—2014 年创业板上市公司数据，处理后得到 50 家上市公司 250 条面板观测数据。统计描述见表 8.36。

表 8.36 变量的统计描述

变量	样本数	均值	标准差	最小值	最大值
tobinq	250	3.3934	1.6095	1.1875	10.0600
lnsize	250	20.9184	0.6052	19.7128	23.1543
debtratio	250	0.2169	0.1616	0.0481	0.8864
revgrowth	250	0.2656	0.3498	−0.7137	2.5734
dividendrate	250	0.3317	0.2822	0	1.4467

② 回归结果及分析

对上述面板数据进行门限回归，结果见表 8.37、表 8.38 和表 8.39。

表 8.37　门限效应检验

门限变量：股利支付率						
单门限检验	F_1 值			13.1235		
	P 值			0.0000		
	10%	5%	1% 临界值	3.2139	3.8760	5.9643
双门限检	F_2 值			2.4643		
	P 值			0.1333		
	10%	5%	1% 临界值	3.1282	4.0306	7.3488

表 8.37 门限效应检验中，单门限效应的 P 值为 0.0000，说明应拒绝无门限的原假设，至少存在一个门限。双门限效应的 P 值为 0.1333，说明应拒绝存在双门限的备择假设，接受存在单门限的原假设。

表 8.38　门限值及置信区间

门限	估计值	95% 置信区间
γ	0.1386	（0.1386　0.1402）

表 8.38 显示了现金股利支付率的单门限值 13.86%。

表 8.39　现金股利支付率对托宾 Q 值回归估计结果

解释变量		线性个体固定效应模型	非线性单门限模型
lnsize		−0.5174（0.3441）	−0.8778***（0.3323）
debtratio		2.1026（1.3213）	2.2024*（1.3071）
revgrowth		0.4353*（0.2350）	0.5534**（0.2319）
didendrate（非门限变量）		0.0884（0.2999）	
didendrate（门限变量）	区间 1		13.9224***（4.2355）
	区间 2		0.3248（0.2924）

注：括号内为标准误，* 代表 10% 显著性水平，** 代表 5% 显著性水平，*** 代表 1% 显著性水平。P 值和临界值均采用 Bootstrap 反复抽样 300 次得到的结果。

表 8.39 显示：当现金股利支付率小于等于 13.86% 时，现金股利支付率与托宾 Q 值显著正相关，现金股利支付率每上升 1%，托宾 Q 值上升 13.92%，当现金股利支付率大于 13.86% 时，现金股利支付率与托宾 Q 值正相关，但不显著，现金股利支付率每上升 1%，托宾 Q 值上升 0.32%，

可见对于创业板公司而言，能使公司价值最大化的现金股利支付率小于等于13.86%。

（2）中小板上市公司样本的数据说明及回归分析

① 数据说明

样本为2005—2014年中小板上市公司数据，处理后得到33家上市公司330条面板观测数据。统计描述见表8.40。

表8.40　变量的统计描述

变量	样本数	均值	标准差	最小值	最大值
tobinq	330	2.8375	1.9670	0.9214	10.0603
lnsize	330	21.2666	1.0451	19.4076	25.1331
debtratio	330	0.3715	0.1867	0.0481	0.8956
revgrowth	330	0.2387	0.4925	-0.7137	3.7702
dividendrate	330	0.2837	0.2983	0	1.4467

② 回归结果及分析

对上述面板数据进行门限回归，结果见表8.41、表8.42和表8.43。

表8.41　门限效应检验

门限变量：股利支付率						
单门限检验	F_1值			11.7722		
	P值			0.0033		
	10%	5%	1%临界值	2.9781	3.6584	5.4594
双门限检验	F_2值			7.2256		
	P值			0.0133		
	10%	5%	1%临界值	2.9946	4.2769	8.2502
三门限检验	F_3值			1.8936		
	P值			0.1633		
	10%	5%	1%临界值	2.6881	3.8825	6.3988

表8.41门限效应检验中，单门限效应的P值为0.0033，说明应拒绝无门限的原假设，至少存在一个门限。双门限效应的P值为0.0133，说明应拒绝存在单门限的原假设，至少存在两个门限。三门限效应的P值为0.1633，说明应拒绝存在三门限的备择假设，接受存在双门限的原假设。

表 8.42　门限值及置信区间

门限	估计值	95% 置信区间
γ	0.08904	（0.0796　0.8341）
	0.2390	（0.1957　0.2462）

表 8.42 显示了现金股利支付率存在双门限值，分别为 8.9% 和 23.9%。

表 8.43　现金股利支付率对托宾 Q 值回归估计结果

解释变量		线性个体固定效应模型	非线性双门限模型
lnsize		−0.2538**（0.1129）	−0.3185***（0.1066）
debtratio		−0.5646（0.7131）	−0.3626（0.6911）
revgrowth		0.1469（0.1613）	0.0139（0.1300）
didendrate（非门限变量）		−1.1129***（0.3231）	
didendrate（门限变量）	区间 1		20.9626**（9.1615）
	区间 2		3.6449**（1.4947）
	区间 3		−0.8445***（0.3070）

注：括号内为标准误，** 代表 5% 显著性水平，*** 代表 1% 显著性水平。P 值和临界值均采用 Bootstrap 反复抽样 300 次得到的结果。

表 8.43 显示：当现金股利支付率小于等于 8.9% 时，现金股利支付率与托宾 Q 值显著正相关，现金股利支付率每上升 1%，托宾 Q 值上升 20.96%；当现金股利支付率大于 8.9% 且小于等于 23.9% 时，现金股利支付率与托宾 Q 值显著正相关，现金股利支付率每上升 1%，托宾 Q 值上升 3.65%；当现金股利支付率大于 23.9% 时，现金股利支付率与托宾 Q 值显著负相关，现金股利支付率每上升 1%，托宾 Q 值下降 8.45%。可见中小板上市公司现金股利支付率与托宾 Q 值存在倒 U 型关系，使上市公司价值最大化的现金股利支付率为 23.9%。

（3）沪市 A 股主板上市公司样本的数据说明及回归分析

① 数据说明

样本为 2003—2014 年沪市主板 A 股上市公司数据，处理后得到 530 家上市公司 6360 条面板观测数据。统计描述见表 8.44。

表 8.44　变量的统计描述

变量	样本数	均值	标准差	最小值	最大值
tobinq	6360	2.0413	1.2866	0.7647	10.0603
lnsize	6360	21.8922	1.2327	18.9071	25.5489
debtratio	6360	0.5194	0.1952	0.0481	1.4788
revgrowth	6360	0.2011	0.5165	-0.7137	3.7702
dividendrate	6360	0.2150	0.2777	0	1.4467

② 回归结果及分析

对上述面板数据进行门限回归，结果见表 8.45、表 8.46 和表 8.47。

表 8.45　门限效应检验

门限变量：股利支付率						
单门限检验	F_1 值			30.9509		
	P 值			0.0000		
	10%	5%	1% 临界值	3.0521	3.8960	7.6293
双门限检验	F_2 值			17.7772		
	P 值			0.0000		
	10%	5%	1% 临界值	2.5129	3.7177	5.6520
三门限检验	F_3 值			12.1945		
	P 值			0.0000		
	10%	5%	1% 临界值	-3.6969	-1.7541	3.1722

表 8.45 门限效应检验中，单门限效应的 P 值为 0.0000，说明应拒绝无门限的原假设，至少存在一个门限。双门限效应的 P 值为 0.0000，说明应拒绝存在单门限的原假设，至少存在两个门限。三门限效应的 P 值为 0.0000，说明应拒绝存在双门限的原假设，至少存在三个门限。

表 8.46　门限值及置信区间

门限	估计值	95% 置信区间
γ	0.1061	（0.0994　0.1351）
	0.2188	（0.1876　0.2326）
	0.5107	（0.3923　0.7804）

表 8.46 显示了现金股利支付率三个门限值，分别为 10.61%、21.88% 和 51.07%。

表 8.47 现金股利支付率对托宾 Q 值回归估计结果

<table>
<tr><th colspan="2">解释变量</th><th>线性个体固定效应模型</th><th>非线性三门限模型</th></tr>
<tr><td colspan="2">lnsize</td><td>−0.2880***（0.0245）</td><td>−0.3189 ***（0.0251）</td></tr>
<tr><td colspan="2">debtratio</td><td>−0.0545（0.1716）</td><td>−0.0123（0.1702）</td></tr>
<tr><td colspan="2">revgrowth</td><td>0.0888***（0.0331）</td><td>0.0774**（0.0333）</td></tr>
<tr><td colspan="2">didendrate（非门限变量）</td><td>−0.3189***（0.0466）</td><td></td></tr>
<tr><td rowspan="4">didendrate
（门限变量）</td><td>区间 1</td><td></td><td>5.4760***（0.9084）</td></tr>
<tr><td>区间 2</td><td></td><td>1.1167***（0.2348）</td></tr>
<tr><td>区间 3</td><td></td><td>0.0813（0.0962）</td></tr>
<tr><td>区间 4</td><td></td><td>−0.3006 ***（0.0468）</td></tr>
</table>

注：括号内为标准误，** 代表 5% 显著性水平，*** 代表 1% 显著性水平。P 值和临界值均采用 Bootstrap 反复抽样 300 次得到的结果。

表 8.47 显示：当现金股利支付率小于等于 10.61% 时，现金股利支付率与托宾 Q 值显著正相关，现金股利支付率每上升 1%，托宾 Q 值上升 5.48%；当现金股利支付率大于 10.61% 且小于等于 21.88% 时，现金股利支付率与托宾 Q 值显著正相关，现金股利支付率每上升 1%，托宾 Q 值上升 1.12%；当现金股利支付率大于 21.88% 且小于等于 51.07% 时，现金股利支付率与托宾 Q 值正相关，但不显著，现金股利支付率每上升 1%，托宾 Q 值上升 0.08%；当现金股利支付率大于 51.07% 时，现金股利支付率与托宾 Q 值显著负相关，现金股利支付率每上升 1%，托宾 Q 值下降 0.3%。可见沪市主板 A 股上市公司现金股利支付率与托宾 Q 值存在倒 U 型关系，使上市公司价值最大化的现金股利支付率为 51.07%。

8.4.5 结论和启示

通过对 2010 至 2014 年创业板、2005 至 2014 年中小板和 2003 年至 2014 年沪市 A 股主板上市公司数据进行面板门限回归研究，发现：创业板上市公司最优现金股利支付率小于等于 13.86%；中小板上市公司现金股利支付率与公司价值存在倒 U 型关系，最优现金股利支付率为 23.9%；沪市主板 A 股上市公司现金股利支付率与公司价值也存在倒 U 型关系，最优现金股利支付率为51.07%。创业板公司最优现金股利支付率最低，中小板较高，沪市主板A股最高，体现出最优现金股利支付率具有企业生命周期特征。

我国股票市场建立以来，上市公司比较普遍地存在重融资轻回报的倾向。2008年证监会发布的《关于修改上市公司现金分红若干规定的决定》中指出：上市公司再融资的必要条件是，近三年累计现金股利分配的利润不能少于近三年实现的年均可分配利润的30%。该规定通过把现金分红与上市公司再融资挂钩，半强制性地限定了上市公司近三年总的最低现金股利支付率，一定程度上纠正了上市公司重融资轻分红的倾向，但没有充分考虑不同发展阶段的企业现金分红政策差异。对此的政策建议是：监管部门在对上市公司现金分红行为监管过程中，基于现金分红的企业生命周期特征，考虑分类监管模式。分类监管模式基本思路是：对创业板公司，适度降低目前监管要求的最低现金股利支付率；对中小板和主板上市公司，适度提高目前监管要求的最低现金股利支付率。

第 9 章　结论与展望

9.1　结论与建议

9.1.1　研究结论

（1）股权结构稳定性

最优股权结构是股权分散和集中的权衡结果，是大股东监督与风险承担之间的权衡产物，也是多个大股东博弈均衡的结果，是使公司价值最大化的股东股权比例，重点研究大、小股东的股权比例。国有股权与个人股权相结合的股权结构有助于形成适度稳定的股权结构。员工持股有利于稳定股权结构。

（2）股权集中度、股权制衡度、现金流权、表决权、股权结构稳定性与股利分配相关关系

国有控股上市公司中，相关实证结论主要包括：股权集中度或现金流权与现金股利支付可能性和水平正相关；股权结构稳定性与现金股利支付可能性和水平负相关；股权制衡度与现金股利支付率负相关；表决权与现金股利支付率正相关；会计稳健性与现金股利支付率负相关，股权集中度与会计稳健性交互项与现金股利支付率正相关，但现金流权与会计稳健性交互项与现金股利支付率无关，由于应计操纵、非效率投资均与现金股利支付率不相关，就不再考虑应计操纵、非效率投资分别与股权集中度（或现金流权）交互项对股利支付的影响。

（3）资本结构、股权结构、现金股利优化区间

①资本结构优化区间

A 股上市公司存在最优资本结构，最优资本结构点存在于 55.56% 与 73.65% 之间，A 股主板上市公司具有同样特征。

②国有股权比例优化区间

国有参股不控股的混合所有制企业国有股权比例优化区间为（5.01%，15.46%），国有股权比例尽量接近 15.46%；国有相对控股的混合所有制企业国有股权比例优化区间为（32.16%，43.86%］，国有股权比例尽量接近 32.16%；国有绝对控股的混合所有制企业国有股权比例优化区间为（74.56%，100%）。

③现金流权、表决权和两权分离度优化区间

两权分离度与公司价值之间存在倒 U 型关系，使公司价值最大化的终极控制股东所有权与控制权分离度为 6.07%；现金流权与公司价值间存在倒 U 型关系，使公司价值最大化的终极控制股东现金流权为 22.08%；终极控制股东最优表决权比例为 28.92%；受表决权影响的现金流权与公司价值存在倒 U 型关系，当表决权为 28.88% 时，现金流权使公司价值最大化；当现金流权大于 19.44% 且小于等于 22.08% 时，受现金流权影响的表决权对公司价值负面影响最小。

④现金股利支付率优化区间

创业板上市公司最优现金股利支付率小于等于 13.86%；中小板上市公司现金股利支付率与公司价值存在倒 U 型关系，最优现金股利支付率为 23.9%；沪市主板 A 股上市公司现金股利支付率与公司价值也存在倒 U 型关系，最优现金股利支付率为 51.07%。创业板公司最优现金股利支付率最低，中小板较高，沪市主板 A 股最高，体现出最优现金股利支付率具有企业生命周期特征。

9.1.2　政策建议

在我国国有企业混合所有制改革背景下，针对国有企业存在的外部和内部问题，结合规范和实证研究结论，提出以下优化国有企业资本结构、完善公司治理和优化收益分配的政策建议。

（1）国有资本在竞争性领域合理进退，在公共保障和战略性领域加强投入

针对国有资本“大而全、小而全”的现状，调整思路应该是“小而精、大而强”。目前竞争性领域国有资本主要问题是投资过度，布局分散，总体上需要将其规模调整至合理水平，并将资金逐步集中于国有资本投资运营公司。按照“小而精、大而强”原则，推进国有经济布局和结构战略性调整，在竞争性领域逐步取消对国有企业不当保护，在竞争中实现优胜劣汰，推动国有资本继续向重点行业和关键领域集中，向优势企业集中。国有资本在竞争性领域合理进退，在公共保障和战略性领域加强投入。国有集团公司总部通过合并重组或投资新设方式组建国有资本投资公司、运营公司，中小国有企业加快推向市场或并入相关国有资本投资公司、运营公司，效益低下、缺乏竞争力的国有企业通过清理方式从市场退出一批，以此实现国有资本结构战略性调整。

（2）改革完善国有资本授权管理体制

以资本为纽带改革国有资本授权管理体制，将国有资本监管机构出资者和管理者职能有效分开，克服管人管事管资产传统监管模式对国有企业自主经营权的过多行政干预，还国有企业真正市场主体地位。国资监管机构对新设立的国有资本投资公司、运营公司以资本为纽带履行出资人职责，国有资本投资公司、运营公司以资本为纽带对其出资公司履行出资人职责。国资监管机构通过股权控制链来管理目标公司国有股权，实现目标公司价值最大化以及国有股权保值增值。国资监管机构作为终极控制股东，通过股权控制链对目标公司形成了金字塔股权结构。国有企业功能分为公益类和商业类，商业类又分为商业一类和商业二类，商业一类是完全竞争领域，商业二类涉及国家安全、国民经济命脉和国计民生的重要行业和领域。至少商业一类国有企业所在的金字塔股权结构的终极所有权、控制权和两权分离度可参考前述研究结论中的金字塔股权结构优化区间相关实证结论。相关实证结论为：使中国上市公司价值最大化的终极所有权为 22.08%，控制权为 28.92%，两权分离度为 6.07%。

（3）优化调整国有企业负债水平

国有及国有控股企业资产负债率从 2006 年 56.24% 一路攀升至 2013 年 61.91%，2015 年达到了 66.33%，国有企业债务负担偏重，负债率呈连年上升趋势。在金融市场日益完善条件下，应通过多元化融资渠道，优化国有企业资本结构，合理调整债务水平，减轻债务负担，遏制负债率连年上升趋势。可参考前述研究结论中资本结构优化区间相关实证结论，根据经济周期、行业特点、发展阶段、经营状况等具体因素，适度调整国有企业资产负债率。相关实证结论为：A 股上市公司存在最优资本结构，最优资本结构点存在于 55.56% 与 73.65% 之间。

（4）合理调整国有股权

针对国有企业国有股权集中度高、机制不活、效率较低问题，可从增量和存量两个方面对国有股权进行优化调整。

① 增量方面，提高国有资本证券化比例

提高国有资本证券化比例，继续把国有企业整体资产推向资本市场，若整体资产推进有困难，则可将优质资产分离出来，推向资本市场，通过 IPO 组建更多股权结构合理的混合所有制上市公司。若通过 IPO 上市有困难，则可利用现有上市公司增资扩股渠道，把国有资产融入现有上市公司中。推出一批新项目吸引民营资本参股或控股组建混合所有制上市公司。

② 存量方面，利用优先股工具，适度分散国有股支配所有权，增强国有股收益所有权

对于完全竞争领域不具有竞争优势或国有资本不需要保持控制力的国有企业，可通过资本市场公开交易转让其全部或部分股权。对于竞争性领

域国有股权集中度高的国有上市公司，可充分利用优先股工具，适度调减有投票权的普通股国有股权，增加无投票权但能稳定获得较高股息的优先股，通过把有投票权的普通股国有股权调减至合适比例，适度分散了国有股过度支配所有权，同时也强化了国有股收益所有权。如果有投票权的普通股国有股权比例调减过度，还可通过优先股转回普通股功能，按照法定规则，调增有投票权的普通股国有股权至合适比例，对股权结构进行优化。

③ 确立合理国有股权比例区间

应确立合理国有股权比例区间，以此为参考对国有股进行增量或存量调整。实证结果发现：国有参股不控股的混合所有制企业国有股权比例优化区间为（5.01%，15.46%］，国有股权比例尽量接近 15.46%；国有相对控股的混合所有制企业国有股权比例优化区间为（32.16%，43.86%］，国有股权比例尽量接近 32.16%；国有绝对控股的混合所有制企业国有股权比例优化区间为（74.56%，100%）。

（5）适度引入机构投资，充分发挥其公司治理功能

机构投资者有动机和能力参与公司治理。机构投资者具有专业、资金等优势，通过监督，可有效制衡控股股东机会主义行为，降低控股股东代理成本，优化公司治理状况，提升上市公司价值。应积极适当引入机构投资者，充分发挥其公司治理功能。

（6）建立和完善员工持股制度

员工股权是稳定性股权，有利于稳定公司股权结构，应建立和完善员工持股制度。应在人力资本要素起突出作用的商业一类国有企业，如高新技术企业、转制科研院所中推行员工持股制度。激励对象主要是骨干核心人员，包括管理人员、技术核心和业务骨干。持股方式以增量购买的股票期权为主。逐步完善人力资本价值评估体系，准确评估员工对企业的贡献，合理确定持股员工范围和员工持股数量。稳健推行员工持股制度，进行必要试点，取得成功经验后再普遍推广。

（7）完善公司治理结构

在优化股权结构基础上完善公司治理结构。适度调整国有股权比例，通过机构投资者、管理层及员工持股，优化股权结构，形成制衡高效的稳定股权结构。股东根据同股同权原则选派董事组建董事会。董事会按市场化机制决定经理人员的聘用、薪酬和业绩考核。提高独立董事和外部监事比例，加强董事会和监事会的内部制衡。优化经理层来源结构，使市场化职业经理充分发挥作用，建立长效激励约束机制，既要对经理人员充分激励，也要建立“金手铐”制度，使激励约束相容。利用市场机制配置公司内部资源，真正实现人员能进能出、能上能下，工资能涨能跌的劳动、人事和工资制度。

（8）优化股利分配政策

上市公司股利分配“铁公鸡”现象仍存在，国有控股上市公司情况更甚。分红的国有控股上市公司分红比例比上市公司整体水平还低。针对这种情况，对国有控股上市公司现金股利分红政策调整有两个思路：一个是向上市公司整体平均水平看齐；另一个是根据股利生命周期特征，以公司不同发展阶段优化的股利分红水平作为参考，进行适当调整。具有生命周期特征的优化股利分红水平的实证研究结论为：创业板上市公司最优现金股利支付率小于等于13.86%；中小板上市公司现金股利支付率与公司价值存在倒U型关系，最优现金股利支付率为23.9%；沪市主板A股上市公司现金股利支付率与公司价值存在倒U型关系，最优现金股利支付率为51.07%。

（9）优化国有资本收益收取比例

2007年国有资本收益恢复上缴以来，收取比例历经2011、2012和2014年三次上调，到目前为止，五类中央企业税后利润收取比例最高为25%。但是国有资本收益收取比例总体水平却很低，远低于同期上市公司平均分红水平。2014年，国有资本收益收取总额只占国企利润总额的5.65%，而A股上市公司平均现金股利分红水平为21.66%，发放现金股利上市公司平均分红水平为35.06%。虽然按十八届三中全会要求，到2020年国有资本收益上缴公共财政比例将达到 30%，但按目前状况估计，国有资本收益收取比例总体水平仍不会很高，仍会明显低于未来同期上市公司平均分红水平。国有资本收益收取无论怎样分类和制定各类收取比例，均应遵循一个原则，这个原则就是国有资本收益收取比例整体水平应合理。合理的国有资本收益整体收取水平的一个确定思路是：以同期 A 股上市公司平均股利分红水平为基准进行适当调整。

9.2　研究展望

针对绪论中提到的研究不足，未来研究将重点在以下四方面开展。

（1）股权稳定性与其他方面主要指标关系研究

研究股权稳定性与其他指标关系。股权稳定性与其他指标关系包括：股权稳定性与股利政策、投资效率、资本结构、盈余管理、会计稳健性、公司价值、公司治理等。

（2）股权结构中国有股权外的相关股权研究

研究机构、管理层、员工等股权与其他方面主要指标相关关系，以及其自身持股比例优化区间。

（3）国有资本收益收取比例之外的其他重要方面研究

对国有资本收益收取范围、支出结构、管理体系等方面进一步研究。

（4）丰富、细化国有企业混合所有制改革和发展所需的有效政策建议

未来，在前文优化国有企业资本结构、公司治理和收益分配政策建议基础上，至少结合未来上述几方面的进一步研究，丰富和细化国有企业混合所有制改革和发展所需的有效政策建议。

参考文献

[1] 中共中央马克思恩格斯列宁斯大林著作编译局．马克思《资本论》节选本［M］. 北京：人民出版社，1998：218.

[2] 中共中央马克思恩格斯列宁斯大林著作编译局 . 恩格斯《反杜林论》［M］. 北京：人民出版社，1993：134.

[3] 李维安 . 股份制的安定性研究［M］. 西安：陕西人民出版社，1995：14–17.

[4] 肖红叶 . 高级微观经济学［M］. 北京：中国金融出版社，2003：317–341.

[5] 武力 . 中华人民共和国经济史 1949—1999（上）［M］. 北京：中国经济出版社，1999：435、496、497、652.

[6] 天津经济课题组 . 上海国企改革先行一步的亮点与启示［J］. 天津经济，2014（1）：25–32.

[7] 焦瑞新 . 我国上市公司资本结构动态调整研究［J］. 天津大学学报（社会科学版），2010（1）：19–23.

[8] 况学文 . 上市公司资本结构调整速度的实证检验［J］. 江西社会科学，2013（10）：210–214.

[9] 顾乃康，王贵银 . 中国上市公司资本结构调整中的临界效应检验——基于门槛回归模型的研究［J］. 中山大学学报（社会科学版），2012（3）：

195–206.

[10] 党建兵，卢斌，曹启龙 . 不同负债水平公司的资本结构调整速度相同吗？——基于中国上市公司的经验证据［J］. 产业经济研究，2013（3）：64–73.

[11]张亮亮，黄国良 . 管理者超额薪酬与资本结构动态调整[J]. 财贸研究，2013（5）：148–156.

[12] 邹萍 . 货币政策、股票流动性与资本结构动态调整［J］. 审计与经济研究，2015（1）：74–82.

[13] 宋晓峰 . 额度与期限：最优资本结构存在及稳定性探讨［J］. 生产力研究，2009（2）：57–60.

[14] 王欣，王磊 . 基于财务权变理论的资本结构调整问题研究——对 J 集团的案例分析［J］. 会计研究，2012（10）：65–70.

[15] 袁卫秋 . 静态权衡理论与啄食顺序理论的实证检验［J］. 数量经济技术经济研究，2004（2）：148–153.

[16] 葛永波，姜旭朝 . 企业融资行为及其影响因素——基于农业上市公司的实证研究［J］. 金融研究，2008（5）：151–162.

[17] 李心合，王亚星，叶玲 . 债务异质性假说与资本结构选择理论的新解释［J］. 会计研究，2014（12）：3–10.

[18] 吕长江，金超，韩慧博 . 上市公司资本结构、管理者利益侵占与公司业绩［J］. 财经研究，2007（5）：50–61.

[19]李宝仁，张院 . 我国上市公司资本结构对公司业绩影响的实证分析[J]. 北京工商大学学报（社会科学版），2010（3）：48–52.

[20] 金辉，李秋浩 . 资本结构、成长性与中小企业价值——基于面板门槛模型的实证研究［J］. 商业研究，2015（2）：144–151.

[21] 杨华，陈迅，田洪刚 . 资本结构与经营绩效非线性关系研究——来自中国能源行业上市公司的经验证据［J］. 财经论丛，2011（1）：101–106.

[22] 陈小悦，徐晓东 . 股权结构、企业绩效与投资者利益保护［J］. 经

济研究，2001（11）：3-11.

[23] 姚俊，吕源，蓝海林 . 我国上市公司多元化与经济绩效关系的实证研究 [J] . 管理世界，2004（11）：119-125.

[24] 刘小玄，李利英 . 改制对企业绩效影响的实证分析 [J] . 中国工业经济，2005（3）：5-12.

[25] 刘媛媛，黄卓，谢德逊（EdisonTse），等 . 中国上市公司股权结构与公司绩效实证研究 [J] . 经济与管理研究，2011（2）：24-32.

[26] 田利辉 . 国有股权对上市公司绩效影响的 U 型曲线和政府股东两手论 [J] . 经济研究，2005（10）：48-58.

[27] 任力，倪玲 . 中国低碳产业上市公司股权结构与经营绩效研究 [J] . 当代经济研究，2014（5）：67-73.

[28] 安烨，钟廷勇，朱欣悦 . 制造业上市公司股权特征对公司绩效影响实证研究 [J] . 财经问题研究，2011（11）：43-49.

[29] 胡国柳，裘益政，黄景贵 . 股权结构与企业资本支出决策：理论与实证分析 [J] . 管理世界，2006（1）：137-144.

[30] 吴联生 . 国有股权、税收优惠与公司税负 [J] . 经济研究，2009（10）：109-120.

[31] 席敏，罗宇航，蒋安玲 . 上市公司股权结构对各类投资的影响分析 [J] . 生产力研究，2006（6）：211-212.

[32] 叶勇，刘波，黄雷 . 终极控制权、现金流量权与企业价值——基于隐性终极控制论的中国上市公司治理实证研究 [J] . 管理科学学报，2007（2）：66-79.

[33] 张霜，康勇 . 终极控制者的类型变动对公司价值的影响效应 [J] . 云南社会科学，2009（3）：31-34、38.

[34] 黄雷，叶勇，蓝辉旋 . 股改后国有控股上市公司股权结构与公司绩效研究 [J] . 统计与决策，2010（10）：134-136.

[35] 曹裕，陈晓红，万光羽 . 控制权、现金流权与公司价值——基于企业生命周期的视角 [J] . 中国管理科学，2010（3）：185-192.

[36] 马磊，徐向艺 . 大股东所有权、控制权与公司治理绩效的灰色关联分析——基于三一重工的案例研究［J］. 财贸研究，2010（4）：110–117.

[37] 王雷，党兴华，杨敏利 . 两权分离度、剩余控制权、剩余索取权与公司绩效——基于两类国有上市公司的实证研究［J］. 管理评论，2010（9）：24–35.

[38] 冉戎，郝颖 . 终极控制、利益一致性与公司价值［J］. 管理科学学报，2011（7）：83–94.

[39] 张欣哲，周静，罗春燕，黄璜 . 民营公司两权分离度、内部制衡机制与经营绩效关系［J］. 证券市场导报，2012（4）：41–46.

[40] 鞠雪芹 . 控制权与现金流权分离及其对企业价值的影响——自然人控股公司与国资委控股公司的对比分析［J］. 东岳论丛，2012（9）：168–172.

[41] 刘鑫，薛有志，严子淳 . 公司风险承担决定因素研究——基于两权分离和股权制衡的分析［J］. 经济与管理研究，2014（2）：47–55.

[42] 杨汉明 . 现金股利与企业价值的实证研究——基于 A 股市场股权结构的分析［J］. 统计研究，2008（8）：65–68.

[43] 肖万，宋光辉 . 现金股利宣告、市场反应与强制分红政策——基于我国资本市场的实证分析［J］. 西安财经学院学报，2012（6）：17–20.

[44] 王国俊，王跃堂 . 现金股利承诺制度与资源配置［J］. 经济研究，2014（9）：91–104.

[45] 刘孟晖，高友才 . 现金股利的异常派现、代理成本与公司价值——来自中国上市公司的经验证据［J］. 南开管理评论，2015（1）：152–160.

[46] 徐寿福，徐龙炳 . 现金股利政策、代理成本与公司绩效［J］. 管理科学，2015（1）：96–110.

[47] 谢军. 现金股利政策、大股东掏空和资源配置：基于公司成长性的分析 [J]. 经济评论，2008（6）：62-70.

[48] 冯阳，薛锋，孙进. 上市公司现金股利分配与公司成长性关系实证研究 [J]. 经济纵横，2010（2）：84-87.

[49] 吴卫华，万迪昉.QFII 持股与上市公司的现金股利政策——来自 2008—2011 年中国 M 股上市公司的证据 [J]. 山西财经大学学报，2012（11）：46-53.

[50] 庞金伟. 上市公司所得税负担及其股利分配效应研究 [J]. 经济问题，2012（12）：92-97.

[51] 祝继高，王春飞. 金融危机对公司现金股利政策的影响研究——基于股权结构的视角 [J]. 会计研究，2013（2）：38-44.

[52] 郭红彩. 管理层权力对上市公司分红行为的影响——基于我国 A 股上市公司的经验证据 [J]. 中南财经政法大学学报，2013（1）：137-143.

[53] 李树根. 政府干预、公司资源和股利政策——基于沪深 A 股上市公司的实证研究 [J]. 财经论丛，2014（6）：60-67.

[54] 王会娟，张然，胡诗阳. 私募股权投资与现金股利政策 [J]. 会计研究，2014（10）：51-58.

[55] 宋福铁，屈文洲. 基于企业生命周期理论的现金股利分配实证研究 [J]. 中国工业经济，2010（2）：140-149.

[56] 李常青，彭锋. 现金股利研究的新视角：基于企业生命周期理论 [J]. 财经理论与实践，2009（5）：67-73.

[57] 张传明，徐植. 不同股权结构对股利政策影响的实证研究——来自中国上市公司的证据 [J]. 经济与管理研究，2006（12）：70-76.

[58] 杨汉明. 现金股利与企业价值的实证研究——基于 A 股市场股权结构的分析 [J]. 统计研究，2008（8）：65-68.

[59] 谢军. 现金股利、股权结构和组织特征：一个 Logistic 分析 [J]. 商业经济与管理，2007（3）：62-67.

［60］许文彬，刘猛．我国上市公司股权结构对现金股利政策的影响——基于股权分置改革前后的实证研究［J］．中国工业经济，2009（12）：128-138.

［61］闫昌荣．我国上市公司股权结构与现金股利政策关系研究——基于半参数模型的分析［J］．经济与管理，2012（9）：43-48.

［62］吴明礼，李世涛．我国上市公司现金股利政策与股权结构、股权制衡关系［J］．产业经济研究，2007（3）：23-29.

［63］张路，罗婷，岳衡．超募资金投向、股权结构与现金股利政策［J］．金融研究，2015（11）：142-158.

［64］原红旗．中国上市公司股利政策分析［J］．财经研究，2001（3）：33-41.

［65］汪平，孙士霞．我国国有上市公司股权结构与股利政策实证研究［J］．经济与管理研究，2009（5）：63-71.

［66］武晓玲，翟明磊．上市公司股权结构对现金股利政策的影响——基于股权分置改革的股权变化数据［J］．山西财经大学学报，2013（1）：84-94.

［67］邓超，王思捷．上市公司股权结构对股利政策影响的实证研究［J］．中南大学学报（社会科学版），2012（1）：96-100.

［68］朱德胜．控股股东、股权制衡与公司股利政策选择［J］．山东大学学报（哲学社会科学版），2010（3）：80-87.

［69］党红．关于股改前后现金股利影响因素的实证研究［J］．会计研究，2008（6）：63-71

［70］胡国柳，黄景贵．股权结构与企业股利政策选择关系：理论与实证分析［J］．商业经济与管理，2005（12）：3-8.

［71］许静，张延良．股权结构对上市公司股利政策的影响分析［J］．宏观经济研究，2013（4）：53-58、106.

［72］邓鸣茂．股权结构、税收差异与股利支付选择［J］．证券市场导报，2015（9）：41-48.

[73] 朱滔，王德友 . 现金股利：缓解代理问题还是大股东剥削——基于最终所有权结构视角的研究 [J]. 山西财经大学学报，2007（8）：97–102.

[74] 朱滔 . 大股东终极所有权结构与利益输送方式选择 [J]. 生产力研究，2009（1）：79–80、161.

[75] 王毅辉，李常青 . 终极产权、控制权结构和股利政策 [J]. 财贸研究，2010（2）：120–129.

[76] 张俭，石本仁 . 制度环境、两权分离与家族企业现金股利行为 [J]. 当代财经，2014（5）：119–128.

[77] 顾小龙，李天珏，辛宇 . 现金股利、控制权结构与股价崩溃风险 [J]. 金融研究，2015（7）：152–169.

[78] 李志军，徐寿福 . 投资者法律保护与大股东控制下的现金股利政策 [J]. 上海经济研究，2013（9）：100–112.

[79] 邓建平，曾勇 . 上市公司家族控制与股利决策研究 [J]. 管理世界，2005（7）：139–147.

[80] 王化成，李春玲，卢闯 . 控股股东对上市公司现金股利政策影响的实证研究 [J]. 管理世界，2007（1）：122–127、136.

[81] 闫华红，魏永红 . 基于股权结构的家族控制与现金股利政策 [J]. 商业研究，2010（9）：110–116.

[82] 吴易风 . 产权理论：马克思和科斯的比较 [J]. 中国社会科学，2007（2）：4–18.

[83] 李维安 . 论股份制的安定性 [J]. 中国工业经济，1994（5）：11–18.

[84] 李维安 . 论国有股权的安定性构造 [J]. 天津社会科学，1994（3）：4–10.

[85] 李维安 . 社会个人股东的安定性分析 [J]. 财贸经济，1996（7）：19–25.

[86] 王俊奇，蒋勇 . 基于经济学分配理论的利润分配定理探讨 [J]. 淮

北师范大学学报（哲学社会科学版），2014（3）：53–57.

[87] 魏明海，柳建华 . 国企分红、治理因素与过度投资［ J ］. 管理世界，2007（4）：88–95.

[88]周叔莲 . 国有企业改革三十年的回顾与思考[J]. 中外企业家，2009(1): 19–27.

[89] 许金柜 . 论我国国有企业利润分配制度 60 年变迁［ J ］. 安徽工业大学学报（社会科学版），2009（6）：30–33.

[90] 王政 . 制造业上市公司现金股利发放水平影响因素研究［ D ］. 合肥：合肥工业大学硕士论文，2013：1–39.

[91] 于丽 . 新一轮国企改革的路径——财政部企业司相关负责人就国企改革答记者问［ N ］. 中国财经报，2014–5–29.

[92] 2015 年 1–12 月全国国有及国有控股企业经济运行情况［ EB/OL ］.http：//qys.mof.gov.cn/zhengwuxinxi/qiyeyunxingdongtai/201601/t20160125_1657262.html.

[93] 2015 年全国规模以上工业企业利润总额比上年下降 2.3%［ EB/OL ］. http：//www.stats.gov.cn/tjsj/zxfb/201601/t20160127_1310925.html.

[94] 2014 年 1–12 月全国国有及国有控股企业经济运行情况［ EB/OL ］.http：//qys.mof.gov.cn/zhengwuxinxi/qiyeyunxingdongtai/201501/t20150121_1182847.html.

[95] 2014 年中央国有资本经营预算收支情况［ EB/OL ］.http：//qys.mof.gov.cn/zhuantilanmu/gyzbjyys/201502/t20150205_1188824.htm.

[96] Hansen B E. Threshold Effects in Non–dynamic Panels：Estimation，Testing，and Inference［ J ］. Journal of Econometrics，1999，93（2）：345–368.

[97] Modigliani F，Miller M H.The Cost of Capital，Corporation Finance and the Theory of Investment［ J ］.The American Economic Review，1958，48（3）：261–297.

[98] Modigliani F，Miller M H.Corporate Income Taxes and the Cost of

Capital: A Correction [J]. American Economic Review, 1963, 53 (3): 433–443.

[99] Robichek A A, Myers S C.Problems in the Theory of Optimal Capital Structure [J] .The Journal of Financial and Quantitative Analysis, 1966, 1 (2) : 1–35.

[100] Jensen M C, Meckling W H.Theory of the Firm: Managerial Behavior, Agency Costs and Ownership Structure [J] .Journal of Financial Economics, 1976, 3 (4) : 305–360.

[101] Miller M H.Debt and Taxes [J] .The Journal of Finance, 1977, 32 (2): 261 - 275.

[102] Myers S C.The Capital Structure Puzzle [J] .The Journal of Finance, 1984, 39 (3) : 575–592.

[103] Myers S C, Majluf N S.Corporate Financing and Investment Decisions When Firms has Information that Investors Do not Have [J] .Journal of Financial Economics, 1984, 13: 187–221.

[104] Myers S C.Still Searching for Optimal Capital Structure [J] .Journal of Applied Corporate Finance, 1993, 6 (1) : 4–14.

[105] Shyam–Sunder L, Myers S C.Testing Static Tradeoff Against Pecking Order Model of Capital Structure [J] .Journal of Financial Economics, 1999, 51 (2) : 219–244.

[106] Lemma T T, Negash M.Determinants of the Adjustment Speed of Capital Structure: Evidence from Developing Economies [J] .Journal of Applied Accounting Research, 2014, 15 (1) : 64–99.

[107] Lin F L, Chang T Y.Does Debt Affect Firm Value in Taiwan? A Panel Threshold Regression Analysis [J] .Applied Economics, 2011, 43 (1): 117–128.

[108] Cheng Y S, Liu Y P, Chien C Y.Capital Structure and Firm Value in China: A Panel Threshold Regression Analysis [J] .African Journal of

Business Management，2010，4（12）：2500–2507.

[109] Shleifer A，Vishny R W.Large Shareholders and Corporate Control [J]. The Journal of Political Economy，1986（94）：461–488.

[110] Fama E F.Agency Problems and the Theory of the Firm [J] The Journal of Political Economy，1980（88）：288–307.

[111] Demsetz H，Lehn K.The Structure of Corporate Ownership：Causes and Consequences [J]. Journal of Political Economy，1985（93）：1155–1177.

[112] Burkart M，Gromb D，Panunzi F.Large Shareholders，Monitoring，and the Value of the Firm [J].The Quarterly Journal of Economics，1997（113）：693–728.

[113] McConnell J J，Servaes H.Additional Evidence on Equity Ownership and Corporate Value [J].Journal of Financial Economics，1990（27）：595–612.

[114] Morck R，Shleifer A，Vishny R W.Management Ownership and Market Valuation：An Empirical Analysis [J].Journal of Financial Economics，1988（20）：293–315.

[115] La Porta R，Lopez-de-Silanes F，Shleifer A.Corporate Ownership Around the World [J]. Journal of Finance，1999，54（2）：471–518.

[116] La Porta R，Lopez-de-Silanes F，Shleifer A，et al.Investor Protection and Corporate Valuation [J].Journal of Finance，2002，57（3）：1147–1170.

[117] Claessens S，Djankov S，Lang L H P.The Separation of Ownership and Control in East Asian Corporations [J]. Journal of Financial Economics，2000，58（1–2）：81–112.

[118] Claessens S，Djankov S，Fan J P H，et al.Disentangling the Incentive and Entrenchment Effects of Large Shareholdings [J].Journal of

Finance，2002，57（6）：2741–2771.

［119］Lins K V.Equity Ownership and Firm Value in Emerging Markets［J］. Journal of Financial and Quantitative Analysis，2003，38（1）：159–184.

［120］Daniel F C，Elizabeth K.The Influence of the Ownership and Control Structure on Corporate Market Value in Brazil［J］. Revista Contabilidade & Finan as –USP，2013，24（62）：142–153.

［121］Lin F L，Lin H L.Ultimate Controller Ownership and Firm Value in Taiwan［J］.Emerging Markets Finance & Trade，2013，49（1）：68–81.

［122］Lintner J.Distribution of Incomes of Corporations among Dividends，Retained Earnings，and Taxes［J］.American Economic Review，1956，46（2）：97–113.

［123］Walter J E.Dividend Policies and Common Stock Prices［J］.Journal of Finance，1956，11（1）：29–41.

［124］Miller M H，Modigani F.Dividend Policy，Growth，and the Valuation of Shares［J］.Journal of Business，1961，34（4）：411–433.

［125］Modigani F.Debt，Dividend Policy，Taxes，Inflation and Market Valuation［J］.Journal of Finance，1982，37（2）：255–273.

［126］Rozef M S.Growth Beta and Agency Costs as Determinants of Dividend Payout Ratios［J］. Journal of Financial Research，1982，5（3）：249–259.

［127］Jensen M C.Agency Costs of Free Cash Flow，Corporate Finance，and Takeovers［J］. American Economic Review，1986，76（2）：323–329.

［128］Bhattacharya S.Nondissipative Signaling Structures and Dividend Policy［J］.Quarterly Journal of Economics，1980，95（1）：1–24.

［129］John K，Williams J.Dividends, Dilution, and Taxes: A Signalling

Equilibrium [J] . Journal of Finance, 1985, 40 (4) : 1053–1070.

[130] DeAngelo H, DeAngelo L, Stulz R M.Dividend Policy and the Earned/ Contributed Capital Mix: A Test of the Life–cycle Theory [J] .Journal of Financial Economics, 2006, 81 (2) : 227–254.

[131] Basil A, Erhan K.The Effect of Ownership Structure on Dividend Policy: Evidence from Turkey [J] .Corporate Governance: The International Journal of Effective Board Performance. 2016, 16 (1) : 135–161.

[132] Luciana M, Aydin O.Ownership Structure and Dividend Policy: Evidence from Italian Firms [J] .European Journal of Finance, 2006, 12 (3) : 265–282.

[133] Richard F, Yilmaz G, Yordying T.Corporate Dividend Policy in Thailand: Theory and Evidence [J] .International Review of Financial Analysis, 2014, 31: 129–151.

[134] Chen Z L, Cheung Y L, Stouraitis A, et al.Ownership Concentration, Firm Performance, and Dividend Policy in Hong Kong [J] .Pacific–Basin Finance Journal, 2005, 13 (4) : 431–449.

[135] Lin Y H, Chiou J R, Chen Y R.Ownership Structure and Dividend Preference: Evidence from China's Privatized State–Owned Enterprises [J] .Emerging Markets Finance & Trade, 2010, 46 (1) : 56–74.

[136] Khan T.Company Dividends and Ownership Structure: Evidence from UK Panel Data [J] .Economic Journal, 2006, 116 (510) : C172–C189.

[137] William B, Chao C, Song Z.Cash Dividend Policy, Corporate Pyramids, and Ownership Structure: Evidence from China [J] . International Review of Economics & Finance, 2013, 27: 445–464.

[138] Julio P, Ignacio R, Chabela T.Do Family Firms Use Dividend Policy as a Governance Mechanism? Evidence from the Euro Zone [J] .Corporate

Governance: An International Review, 2012, 20 (5): 413-431.

[139] Huang Y T, Chen A L, Kao L F.Corporate Governance in Taiwan: The Nonmonotonic Relationship between Family Ownership and Dividend Policy [J].Asia Pacific Journal of Management, 2012, 29 (1): 39-58.

[140] Wang J Y.Controlling Shareholder Entrenchment: Bonuses Versus Dividends [J].International Review of Economics & Finance, 2014, 32: 143-158.

[141] How J C Y, Verhoeven P, Wu C L.Dividends and Expropriation in Hong Kong [J].Asian Academy of Management Journal of Accounting & Finance, 2008, 4 (1): 71-85.

[142] Admati A R, Pfleiderer P, Zechner P.Large Shareholder Activism, Risk Sharing, and Financial Markets Equilibrium [J].Journal of Political Economy, 1994 (102): 1097-1130.

[143] Pagano M, Roel A.The Choice of Stock Ownership Structure: Agency Costs, Monitoring, and the Decision to Go Public [J].Quarterly Journal of Economics, 1998 (113): 187-225.

[144] Bennedsen M, Wolfenzon D.The Balance of Power in Close Corporations [J]. Journal of Financial Economics, 2000 (58): 113-139.

[145] Gordon M J.Dividends, Earnings, and Stock Prices [J].Review of Economics and Statistics, 1959, 41 (2): 99-105.

[146] Farrar D E, Selwyn L L.Taxes, Corporate Financial Policy and Return to Investors [J].National Tax Journal, 1967, 20 (4): 444-454.

[147] Brennan M J.Taxes, Market Valuation and Financial Policy [J]. National Tax Journal, 1970, 23 (4): 417-429.

[148] Fama E F, French K R.Disappearing Dividend: Changing Firm Characteristics or Lower Propensity to Pay? [J].Journal of Financial Economics, 2001, 60: 3-43.

[149] Shefrin H M, Statman M.Explaining Investor Preference for Cash Dividends [J] .Journal of Financial Economics, 1984, 13 (2) : 253–282.

[150] Baker M, Wurgler J.A Catering Theory of Dividends [J] .Journal of Finance, 2004, 59 (3) : 1125–1165.

[151] Baker M, Wurgler J.Appearing and Disappearing Dividends: The Link to Catering Incentives [J] .Journal of Finance and Economics, 2004, 73 (2) : 271–288.

[152] Vernon R.Linking Managers with Ministers: Dilemmas of the State-Owned Enterprise [J] . Journal of Policy Analysis and Management, 1984, 4 (1) : 39–55.

[153] Smith D A C, Trebilcock M J.State–owned Enterprises in Less Developed Countries: Privatization and Alternative Reform Strategies[J]. European Journal of Law and Economics, 2001, 12 (3) : 217–252.

[154] Jones J J.Earnings Management During Import Relief Investigations [J] . Journal of Accounting Research, 1991, 29 (2) : 193–228.

[155] Dechow P M, Sloan R G, Sweeney A P.Detecting Earnings Management [J] .The Accounting Review, 1995, 70 (4) : 193–225.

[156] Khan M, Watts R L.Estimation and Empirical Properties of a Firm–year Measure of Accounting Conservatism [J] .Journal of Accounting and Economics, 2009, 48 (2–3) : 132–150.

[157] Basu S.The Conservatism Principle and the Asymmetric Timeliness of Earnings [J] . Journal of Accounting and Economics, 1997, 24 (1) : 3–37.

[158] Richardson S.Over–investment of Free Cash Flow [J] . Review of Accounting Studies, 2006, 11 (2) : 159–189.

[159] Durand D. Costs of Debt and Equity Funds for Business: Trends and Problems of Measurement [A] .Universities–National Bureau.

Conference on Research in Business Finance [C]. New York: NBER, 1952: 215-262.